TRABALHO DOMÉSTICO

FEMINISMOS
PLURAIS
COORDENAÇÃO
DJAMILA RIBEIRO

JULIANA
TEIXEIRA

TRABALHO DOMÉSTICO

FEMINISMOS
PLURAIS
COORDENAÇÃO
DJAMILA **RIBEIRO**

JULIANA TEIXEIRA

SUELI CARNEIRO   jandaíra

SÃO PAULO | 2021

Copyright © Juliana Teixeira, 2021

Todos os direitos reservados à Editora Jandaíra, uma marca da Pólen Produção Editorial Ltda., e protegidos pela lei 9.610, de 19.2.1998.

É proibida a reprodução total ou parcial sem a expressa anuência da editora.

Este livro foi revisado segundo o Novo Acordo Ortográfico da Língua Portuguesa.

Direção editorial
Lizandra Magon de Almeida

Edição de texto
Sonia Xavier

Assistência editorial
Maria Ferreira

Projeto gráfico e diagramação
Daniel Mantovani

Revisão
Cristina Pessanha

Foto de capa
Acervo pessoal

Dados Internacionais de Catalogação na Publicação (CIP)
Maria Helena Ferreira Xavier da Silva/ Bibliotecária – CRB-7/5688

Teixeira, Juliana Cristina

T266t   Trabalho doméstico / Juliana Teixeira. – São Paulo : Jandaíra, 2021.

248 p. – (Feminismos Plurais / coordenação de Djamila Ribeiro)

ISBN: 978-65-87113-72-2

1. Trabalho doméstico - Brasil. 2. Discriminação no emprego - Brasil. 3. Trabalho doméstico - Aspectos sociais - Brasil. 4. Empregados domésticos - Estatuto legal, leis, etc. - Brasil. 5. Mulheres - Emprego – Brasil. 6. Mulheres - Condições sociais - Brasil. I. Título.

CDD 331.114230981

Número de Controle: 00032

jandaíra   www.editorajandaira.com.br
atendimento@editorajandaira.com.br
(11) 3062-7909

Peço licença às minhas ancestrais e
às trabalhadoras domésticas.
Dedico à minha mãe Maria, trabalhadora
doméstica, minha saudade precoce e diária.
Ao Pedro, à força do meu ventre por tê-lo
gerado, e à força do meu ser por essa vida de
mãe exercida no cuidado.

À Mirtes, trabalhadora doméstica, e à memória
de Miguel (Justiça por Miguel!).
A todas as trabalhadoras domésticas deste país.
A todas as trabalhadoras que perderam vidas na
intensificação do genocídio na gestão
da pandemia de covid-19 no Brasil.
Um abraço no coração de suas famílias.

Marcante que aconteceu foi uma senhora que eu trabalhei que era doente, isso marcô muito porque ela tinha uma confiança comigo. Quando ela tava assim no finalzinho de vida, ela num dexava ninguém dá banho. Só... Enquanto eu não chegasse ela não tomava banho. Porque ela achava que eu não ia dexar ela cair no chão sabe? E... isso aí marcô muito, coitada. Ela tinha uma confiança danada comigo. Aí pediu pra fazer uma comidinha, disse que o arroz doce que eu fazia era igual ao da mãe dela, aí eu fui, fiz, foi a última comida que ela comeu, sabe?

Mariza, trabalhadora doméstica de Minas Gerais

SUMÁRIO

NO CENTRO, AS TRABALHADORAS DOMÉSTICAS 16

DAS ESCRAVIZADAS ÀS TRABALHADORAS DOMÉSTICAS:
UMA HISTÓRIA DE AMBIGUIDADE 23

INTERSECCIONALIDADES ENTRE RAÇA, GÊNERO E CLASSE
NO TRABALHO DOMÉSTICO 76

RACISMO ESTRUTURAL E BRANQUITUDE NA COMPOSIÇÃO
DO TRABALHO DOMÉSTICO 172

REFLEXÕES FINAIS: APONTANDO CAMINHOS DE RUPTURA . 193

REFERÊNCIAS BIBLIOGRÁFICAS 230

APRESENTAÇÃO

FEMINISMOS
PLURAIS

O objetivo da coleção Feminismos Plurais é trazer para o grande público questões importantes referentes aos mais diversos feminismos de forma didática e acessível. Por essa razão, propus a organização de uma série de livros imprescindíveis quando pensamos em produções intelectuais de grupos historicamente marginalizados: esses grupos como sujeitos políticos.

Escolhemos começar com o feminismo negro para explicitar os principais conceitos e definitivamente romper com a ideia de que não se está discutindo projetos. Ainda é muito comum se dizer que o feminismo negro traz cisões ou separações, quando é justamente o contrário. Ao nomear as opressões de raça, classe e gênero, entende-se a necessidade de não hierarquizar opressões, de não criar, como diz Angela Davis, em "As mulheres negras na construção de uma nova utopia", "primazia de uma opressão em relação a outras". Pensar em feminismo negro é justamente romper com a cisão criada numa sociedade desigual. Logo, é pensar projetos dentro de novos marcos civilizatórios, para que pensemos um novo modelo de sociedade. Fora isso, é também divulgar a produção intelectual de mulheres negras, colocando-as na condição de sujeitos e seres ativos que, historicamente, vêm fazendo resistência e reexistências.

Entendendo a linguagem como mecanismo de manutenção de poder, um dos objetivos da coleção é o compromisso com uma linguagem didática, atenta a um léxico que dê conta de pensar nossas produções e articulações políticas, de modo que seja acessível, como nos ensinam muitas feministas negras. Isso de forma alguma é ser palatável, pois as produções de feministas negras unem uma preocupação que vincula a sofisticação intelectual com a prática política. Com vendas a um preço acessível, nosso objetivo é contribuir para a disseminação e o acesso a essas produções.

Neste volume, Juliana Teixeira leva para sua pesquisa acadêmica a experiência pessoal de ser filha de Maria, trabalhadora doméstica no interior de Minas Gerais. Com o olhar comprometido com a causa, Juliana aprofunda a pesquisa bibliográfica com depoimentos de trabalhadoras domésticas de várias idades e origens. Ela começa retomando a época colonial para historicizar a atual condição dessas mulheres e depois discutir as interseccionalidades entre raça, gênero e classe específicas desse grupo, ainda tão presente e igualmente marginalizado na sociedade brasileira, bem como o racismo estrutural e o posicionamento da branquitude em relação ao tema.

Para além deste título, abordamos questões como encarceramento, colorismo, transexualidade, afetividade, interseccionalidade, empoderamento, masculinidades, lesbiandades, mulheres indígenas e caribenhas. É importante pontuar que esta coleção é organizada e escrita por mulheres negras e indígenas, e homens negros de regiões diversas do país, mostrando a importância de pautarmos como sujeitos as questões que são essenciais para o rompimento da narrativa dominante e não sermos tão somente capítulos em compêndios que ainda pensam a questão racial como recorte.

Grada Kilomba em *Plantations Memories: Episodes of Everyday Racism*, diz:

> Esse livro pode ser concebido como um modo de "tornar-se um sujeito" porque nesses escritos eu procuro trazer à tona a realidade do racismo diário contado por mulheres negras baseado em suas subjetividades e próprias percepções. (KILOMBA, 2012, p. 12)

Sem termos a audácia de nos compararmos com o empreendimento de Kilomba, é o que também pretendemos com esta coleção. Aqui estamos falando "em nosso nome".*

DJAMILA RIBEIRO

---

*No original: "(...) in our name." HALL, Stuart. "Cultural Identity and Diaspora". *In:* RUTHERFORD, Jonathan (ed). **Identity, community, culture difference.** Londres: Lawrence and Whishart limited, 1990, p. 222.

NO CENTRO, AS TRABALHADORAS DOMÉSTICAS

Eu sou filha única de Maria, mulher negra nascida em Conceição da Barra de Minas, interior de Minas Gerais, e trabalhadora doméstica. Sou de uma geração de domésticas. Nasci em São João del-Rei, onde minha mãe trabalhou a vida toda na casa de outras famílias. Para uma, por mais de 20 anos. Minha mãe estudou até a quarta série do atual Ensino Fundamental, foi mãe solo com uma trajetória similar à de muitas outras mulheres.

Como filha da Maria (como fui chamada muitas vezes ao ser apresentada para outras famílias da classe média alta da cidade), vivenciei o cotidiano do trabalho doméstico como "a filha que ela não tinha com quem deixar". Ajudei minha mãe no trabalho muitas vezes para tentar chegar em casa mais cedo do que o previsto. Lembro de lavar e secar a louça de um jeito que os patrões não reclamariam depois. Guardo até hoje as memórias das orientações da minha mãe sobre como me comportar, que viraram, por exemplo, rotinas incorporadas ao lavar louças, até na minha casa.

Minha mãe, mesmo com muitas dificuldades, tornou meus estudos prioridade. Eu me agarrava a eles porque eram minha promessa pessoal de dar a ela uma vida diferente. Não deu tempo, infelizmente. Maria, numa vida sem tempo de cuidado de si e de muito choro pós-trabalho, faleceu aos 48 anos de idade. Eu, filha única, tinha 16 anos. Não conheci minha avó, Dinha. Também faleceu precocemente quando minha mãe me gestava em seu ventre.

Aos muitos trancos, e aos muito barrancos, segui meus estudos. Não era mais sobre dar uma vida diferente à minha mãe, mas agora era questão de abrir um caminho que me trouxesse a felicidade que ela queria para mim. Quisera eu que me formar na faculdade, fazer um mestrado, fazer um doutorado, tivesse sido mais fácil para mim, e para tantas outras pessoas que conquistaram seus objetivos. Conseguimos ultrapassar estatísticas normalizadas, e ainda assim vivenciamos cotidianamente os efeitos do racismo. Quisera eu não ser um dos pontos fora da reta, como diz uma amiga.

Quisera eu também que uma das motivações de luta ligadas à discussão deste livro não fosse a morte de Miguel em 2020, criança de cinco anos que caiu do nono andar de um prédio em Recife, quando foi deixado aos cuidados de Sari Corte Real, enquanto sua mãe, Mirtes Renata, trabalhadora doméstica da residência, saiu para passear com o cachorro da patroa. Miguel andou sozinho de elevador. E parou num andar onde acabou caindo ao procurar por sua mãe. Miguel, Mirtes, espero poder honrar algo possível dentro da busca por justiça. Da busca para que outros Migueis não sejam interrompidos. Quantas e quantos de nós não poderíamos ter sido o Miguel ali naquele momento? Quantas de nós não poderíamos ser a mãe que chora a morte injusta e precoce de seu filho? Quantas não são as mulheres negras que já choraram, e choram, a morte de seus filhos?

Na responsabilidade gigante que é escrever este livro, que envolve muitas histórias entrecruzadas, honro as que vieram antes, e que possibilitaram que a orgulhosa filha da Maria defendesse em 2015 uma tese de Doutorado sobre trabalhadoras domésticas. E ainda que esse feito tenha sido possibilitado como uma daquelas tarefas da vida que só as forças ancestrais podem explicar. E ainda num curso de Doutorado em Administração, quem diria. Busco honrar as que vieram antes, e que nos permitem, coletivamente, empreender esforços de reparação histórica e que é nossa por direito. São essas que vieram antes que permitem a existência de uma coleção de livros tão brilhante e política como esta.

Neste livro, ao falar do trabalho doméstico, foco nas trabalhadoras domésticas remuneradas, colocando-as no centro como via de compreensão da função que exercem. Aproximadamente 20% das mulheres no Brasil são trabalhadoras domésticas remuneradas, de acordo com dados de 2019. Sabendo que as antecessoras históricas são as personagens das *escravas* domésticas durante o período colonial, observamos que 64% delas atualmente autodeclaram negras (SANTOS, 2019).

O primeiro estudo acadêmico de que se tem registro sobre o trabalho doméstico no Brasil foi o de Heleieth Saffioti, publicado em 1978, com o título "Emprego doméstico e capitalismo", sendo contextualizado pelo então recente reconhecimento desse trabalho como profissão (o que ocorreu em 1972). Desde então, o tema tem sido considerado incômodo por escancarar desigualdades raciais, étnicas, de gênero e de classe (FERREIRA, 2010, p. 339-60).

Ele é quase que em sua totalidade desempenhado por mulheres (97%), sendo que a maior parte dos homens nessa ocupação desenvolvem atividades fora do âmbito doméstico fechado, como as de caseiro e jardineiro. Essa maioria feminina é resultado da construção social que estabelece que as atividades domésticas são biologicamente ligadas às mulheres. Essa, que é uma construção de poder, também teve como pressuposto que os homens seriam mais aptos para funções produtivas fora do espaço da casa, e mais aptos para construir a vida política e pública. No entanto, as mulheres negras no Brasil tiveram que se submeter a diversos tipos de trabalho desde a escravização, dentro das casas ou fora delas. Ao longo da história, e mesmo após a abolição formal da escravatura, o trabalho doméstico tornou-se um dos principais meios de sobrevivência dessas mulheres.

No Brasil, elas se dividem entre diaristas e mensalistas (sendo que essas últimas podem estar ou não formalizadas). Atualmente, a Lei Complementar nº 150, de 2015, define como empregado doméstico no Brasil aquele que exerce atividade contínua e não lucrativa para pessoa física no ambiente doméstico. Para que não exista vínculo empregatício, a lei determina que a atividade não pode ser executada para um mesmo empregador por mais de dois dias na semana. Aqui, chamarei de mensalistas as trabalhadoras domésticas que recebem salário mensal fixamente estabelecido, e que trabalham mais do que três dias na semana, estando ou não em condição de formalidade. E os dados estatísticos citados referem-se ao conjunto de trabalhadoras domésticas, considerando tanto diaristas quanto mensalistas.

Neste livro, falo de mulheres que não foram retratadas como protagonistas pela História tradicional, se considerarmos que essa História tradicional foi contada pelos vencedores, como frisa Maria Coronel (2010, p. 7-18). Essas mulheres foram/são intituladas *escravas* domésticas, criadas, empregadas domésticas mensalistas e diaristas. Quando falo desses títulos diferenciados, nessa ordem, não quero dizer que eles tenham se sucedido de forma linear na história. Atualmente, ainda é possível vermos trabalhadoras domésticas tratadas sob a conotação simbólica da criada. E, o que deveria ser fonte de indignação pública, mas permanece altamente disseminada: encontramos mulheres em condição de cárcere e escravização doméstica.

DAS ESCRAVIZADAS ÀS TRABALHADORAS DOMÉSTICAS: UMA HISTÓRIA DE AMBIGUIDADE

A escravização teve início no país quando os portugueses começaram a trazer negros que eram escravizados em suas colônias africanas para trabalharem. O início da busca por mão de obra africana se deu em virtude da dificuldade encontrada pelos portugueses para escravizar os indígenas que aqui habitavam (a escravização desse grupo ocorreu até o século 18); do desejo dos portugueses pela produção do açúcar, que demandava muita mão de obra; da lucratividade envolvida no tráfico negreiro (BIBLIOTECA VIRTUAL DO GOVERNO DO ESTADO DE SÃO PAULO, 2013).

Os negros eram mercadorias e não tinham direito à atenção, às necessidades básicas de segurança, higiene, e nem às suas integridades físicas e moral. Eram transportados aos montes em porões de navios, nos quais muitos morriam. Seu cotidiano envolvia um controle severo e permanente, o que era feito pelos senhores, feitores e capitães do mato que recapturavam escravos fugidos. Eram submetidos ainda a castigos físicos como chibatadas e açoitamentos (BIBLIOTECA VIRTUAL DO GOVERNO DO ESTADO DE SÃO PAULO, 2013).

Traficados do continente africano pelos portugueses, os negros ocuparam funções muito importantes para a atividade econômica na qual estavam envolvidos (FREYRE, 2003; SILVIA, 2006). Foram responsáveis, de acordo com Gilberto Freyre,[1] por ensinar aos portugueses várias técnicas de trabalho na agropecuária, na agricultura e na mineração. Além disso, acabaram também se sobrepondo na cozinha. Contudo, havia uma diferença que era crucial no trabalho que executavam no continente africano daquele que faziam no Brasil: o lugar social que ocupam nesse trabalho, a condição de servos reduzidos à vontade de seus

---

1. Neste capítulo, uso algumas passagens da obra do recifense Gilberto Freyre, *Casa grande & senzala*, publicada em 1933. E aí cabe o adendo sobre a importância de seus escritos para acessarmos algumas dimensões do cotidiano do período colonialista brasileiro. O autor foi um dos responsáveis pela defesa do mito da democracia racial no país. Embora fosse contrário ao racismo científico, abordou a miscigenação de modo romantizado, reproduzindo construções racistas, tais como a relação entre características psicológicas e raça, e uma perspectiva positiva acerca do branqueamento. Aqui, seus registros são referências para pensarmos a trajetória do trabalho doméstico no Brasil.

senhores. O trabalho, antes executado em África, representava a busca deliberada pela sobrevivência dos familiares (FREYRE, 2003; SILVIA, 2006).

As mulheres negras eram trazidas do continente africano não somente para trabalhar nas lavouras, mas também nas casas dos senhores como amas de leite ou mucamas. Assim, tanto as escravizadas das senzalas como as escravizadas domésticas poderiam trabalhar para casais ou para colonos solteiros (OLIVEIRA, 2008, p. 109-115). Era comum que as portuguesas tivessem filhos muito cedo, ainda muito jovens, necessitando de ajuda. As esposas dos senhores de engenho em geral se casavam aos 13, 14 anos de idade, outro exemplo de como o dispositivo de gênero funciona, embora com impactos significativamente diferentes quando se adicionam as categorias raça e classe como dimensão de análise. Além disso, com o clima tropical e com as altas temperaturas do país, elas se enfraqueciam com frequência e tinham dificuldades para amamentar. As negras, socialmente conhecidas como mulheres bem-sucedidas no quesito amamentação, tornavam-se as amas de leite (FREYRE, 2003).

Em anúncios publicados no Brasil em jornal do século 19, Freyre (2003) observou que havia uma escolha estética mais acentuada em relação às negras que iriam trabalhar no serviço doméstico, pois ficariam mais próximas das famílias dos senhores e, comumente, criariam os filhos que viriam a ter em suas casas. A preferência era por "[...] negras altas e de formas atraentes – 'bonitas de cara e de corpo' e 'com todos os dentes da frente'".

As distinções que existiam entre a escravizada da lavoura e a escravizada doméstica contribuem para o nosso entendimento acerca do surgimento dessa personagem social que é a trabalhadora doméstica. Creuza Maria Oliveira, mulher preta que exerceu a função desde os 5 anos de idade em troca de alimentação e moradia, ativista política com a vida dedicada ao direito das trabalhadoras domésticas, e que foi presidenta da Federação Nacional das Trabalhadoras Domésticas (Fenatrad), destaca que as escravizadas domésticas eram consideradas privilegiadas socialmente por andarem mais bem vestidas, já que suas vestes espelhavam a riqueza de seus senhores (OLIVEIRA, 2008, p. 109-115).

No entanto, Creuza ressalta que a proximidade dessas escravizadas da família dos senhores trazia grandes sofrimentos e constrangimentos, como a maior submissão à violência sexual. Uma prática comum durante algum tempo no período escravocrata foi a de senhores tirarem a virgindade de meninas negras segundo a crença de que esse seria um meio de curar aqueles que estivessem contaminados pela sífilis. Por essa prática, meninas eram "entregues virgens, ainda molecas de 12 e 13 anos, a rapazes brancos já podres da sífilis das cidades" (FREYRE, 2003, p. 400). Freyre descreve que, por meio do sexo e da amamentação das amas de leite a crianças infectadas, a sífilis acabou caminhando da casa grande para as senzalas.

A imagem da escravizada doméstica como serva sexual repercute na sociedade brasileira contemporânea, em que as imagens da empregada doméstica e da mulher negra aparecem frequentemente associadas a temas de conotação sexual. A hipersexualização da negra é uma construção de nossa sociedade, em função do racismo ser um organizador psíquico (AKOTIRENE, 2020) que coletivamente destina às mulheres negras uma objetificação sexual ainda mais violenta por vir de um intercruzamento entre as categorias de gênero e de raça como dispositivos de poder. E a escravização e o racismo enquanto organização sociopolítica contribuíram para a perpetuação da estereotipia de que são mulheres para serem consumidas. No caso das trabalhadoras domésticas, sexual e laboralmente exploradas.

Nesse período, inicia-se a ambiguidade representada pelo trabalho doméstico: o misto de afeto e de desigualdade, um afeto construído junto a relações desiguais e injustas de trabalho (CANDIOTA; VERGARA, 1996, p. 53-65), que ajudou a configurar a naturalização racista da servidão. A figura da mãe preta se expande pelo período pós-escravocrata. Elas acabavam assumindo um lugar afetivo importante na vida das filhas dos senhores: as sinhazinhas. Com a proximidade da relação que podia se iniciar na infância, elas podiam se tornar conselheiras sentimentais dessas meninas. Uma decorrência da afetividade e da proximidade das chamadas amas de leite, mães pretas e mucamas com os filhos dos portugueses foi a alteração de algumas palavras da língua portuguesa falada que estão até hoje no cotidiano dos brasileiros. A linguagem infantil acabou sendo "amaciada" no Brasil devido à influência dos africanos, especialmente dessas mulheres (FREYRE, 2003). Além disso, as mulheres negras foram importantes contadoras de histórias populares que estabeleceram mediações entre as culturas africanas, indígenas e portuguesas (RONCADOR, 2008, p. 129-152).

Pretuguês é o nome que Lélia Gonzalez (1984) deu para o português falado a partir da influência dos negros africanos que foram escravizados no Brasil e que, por não se vincular às normas cultas da língua portuguesa, compõem as estereotipias de inferiorização intelectual das pessoas negras dentro de um projeto racista de sociedade. É o português que revela os componentes étnicos dos idiomas africanos na linguagem falada no Brasil, como a não existência do L, que explicam as trocas do L por R (Framengo e não Flamengo); e os cortes dos erres nos verbos no infinitivo: fazê, comê; e a diminuição de palavras, como a redução do você em cê.

Lélia chama a atenção para o fato de alguns desses modos de falar pretuguês também foram incorporados pela sociedade branca, sem se dar conta de que estavam falando o pretuguês que utilizavam (e ainda utilizam) como objeto de inferiorização de uma população. A acadêmica e filósofa Djamila Ribeiro (2020) destaca como a linguagem culta pode ser um dos vários instrumentos de imposição de relações de poder, especialmente quando falamos de uma sociedade em que o acesso à educação que propicia o contato com a norma culta é desigual.

Creuza lembra que as escravizadas domésticas eram, em termos de organização política, pessoas-chave para o grupo dos escravizados. Obtendo informações privilegiadas dentro das casas dos senhores, podiam orientar os outros escravizados em suas organizações, fugas e criação de quilombos. "Ela sabia quando o senhor ia viajar, quanto tempo ia ficar fora e levava essa informação para os outros escravos, à noite, na senzala." (OLIVEIRA, 2008, p. 110)

Ajudando-nos a pensar as complexidades dessa personagem, Lélia Gonzalez (1984, p. 235) diz que:

"É interessante constatar como, através da figura da "mãe-preta", a verdade surge da equivocação (Lacan,

1979). Exatamente essa figura para a qual se dá uma colher de chá é quem vai dar a rasteira na raça dominante. É através dela que o "obscuro objeto do desejo" (o filme do Buñuel), em português, acaba se transformando na "negra vontade de comer carne" na boca da moçada branca que fala português. O que a gente quer dizer é que ela não é esse exemplo extraordinário de amor e dedicação totais como querem os brancos e nem tampouco essa entreguista, essa traidora da raça como querem alguns negros muito apressados em seu julgamento. Ela, simplesmente, é a mãe. É isso mesmo, é a mãe. Porque a branca, na verdade, é a outra. Se assim não é, a gente pergunta: que é que amamenta, que dá banho, que limpa cocô, que põe prá dormir, que acorda de noite prá cuidar, que ensina a falar, que conta história e por aí afora? É a mãe, não é? Pois então. Ela é a mãe nesse barato doido da cultura brasileira."

Em maio de 1888, após intensas lutas de resistências e escassas conquistas, bem como pressões pelo fim da escravização que perpassavam interesses econômicos e políticos, e não civilizatórios, que a *escravatura* foi legalmente extinta por meio da promulgação da chamada Lei Áurea (BIBLIOTECA VIRTUAL DO GOVERNO DO ESTADO DE SÃO PAULO, 2013, p.3). A abolição representou o fim legal da escravização, mas não necessariamente a relação de servidão.

AS CRIADAS NAS SENZALAS DOMÉSTICAS

A abolição da escravatura representou inicialmente uma transição para os negros da condição de escravizados formais para a de escravizados informais (SILVIA, 2006). Jogados à própria sorte, eles acabavam mantendo relações de trabalho com seus antigos senhores, pois não encontravam outras oportunidades de sustento por conta da cor da pele e pelas características fenotípicas que socialmente representavam as marcas de uma categoria racial inferior (CONCEIÇÃO, 2009).

Após a abolição da escravatura, a situação das ex-escravizadas domésticas era próxima à da escravização. Muitas delas residiam na casa dos patrões, sem horário determinado de trabalho e sem qualquer tipo de remuneração pecuniária. Quando recebiam, se tratava de valores irrisórios. Era comum que o trabalho fosse exercido desde a infância, quando as meninas se mudavam para as casas de seus patrões (CORONEL, 2010, p.7-18). Nesse ambiente, não eram tratadas como *sujeitos*, mas como servas disponíveis a satisfazerem todas as vontades de seus patrões.

No período pós-escravocrata, a personagem das babás era comum para a manutenção cotidiana das famílias. Negras, elas poderiam ser não só amas de leite, mas também amas secas (CORRÊA, 2007, p. 7-17), o que revelava a manutenção de uma relação não justificada apenas pela necessidade de amamentação dos filhos das portuguesas. A situação de desproteção social, as baixas qualificações e a manutenção de relações que começavam na infância, somadas, acabavam confinando essas mulheres àquela vida, o que ocorria não só por falta de melhores opções, mas também pela criação de um elo e de uma dependência psicológica em relação à família para a qual trabalhavam (CORONEL, 2010, p. 7-18).

Mesmo com a manutenção dessas relações de dependência, a sensação de perda de controle por parte dos senhores em relação aos servos advinda da abolição (RONCADOR, 2007, p. 127-40) acabou influenciando a maneira como as relações entre *criadas* e patrões foram sendo tecidas. Como destacou Margareth Rago (1985), a desconfiança gerava a necessidade de um controle permanente, o que se tornou uma estratégia utilizada sobretudo pelas patroas, já que as mulheres eram as responsáveis pelos assuntos que se referiam ao serviço doméstico.

As *criadas* eram consideradas ameaças para a família para a qual trabalhavam, especialmente quanto ao temor de transmissão de doenças e de maus costumes, o que, em última análise, refletia a ideia da pobreza como uma ameaça. Essa ideia não implicava uma preocupação com a existência da pobreza em si, mas, sim, com a proximidade dessa pobreza, que era invocada a partir da convivência cotidiana com as *criadas* (CORRÊA, 2007, p. 7-17). Essa noção de ameaça remonta ao período da escravatura e ao período posterior à abolição, em que os servos domésticos eram considerados ameaças à integridade física e moral das famílias burguesas (RONCADOR, 2007).

Diante dessa noção, tentativas pedagógicas de domesticar e civilizar as *criadas* surgiram no período republicano e pós-escravocrata brasileiro sob o discurso de preparação das mulheres (as senhoras) para suas responsabilidades com a casa, com os filhos e com a administração do trabalho das *criadas*. Foram publicados, inclusive, manuais que visavam ensinar o modo adequado de se lidar com elas. Além disso, recorreu-se a mecanismos estatais para controlar as *criadas* e *criados*, como a exigência de registro de saúde e de matrícula na polícia (RONCADOR, 2003, 2007).

Um exemplo de mecanismo estatal foi a criação, em São Paulo, do Serviço de Registro de Empregados Domésticos. De acordo com o próprio documento de criação, datado de 1946, o objetivo do registro era "salvaguardar o lar e o bem público, mediante exame de sanidade e controle policial dos candidatos como medida de proteção à família e à propriedade, pois objetiva a seleção do material humano, muitas vezes perigoso e nocivo, que ingressa em nossos lares como cozinheiros, arrumadeiras, pagens, lavadeiras etc. gente na maioria das vezes portadora de moléstias infectocontagiosas, quando não possui ainda o estigma do roubo e do mal, e que, de casa em casa, vai espalhando doenças, roubando haveres, prejudicando os patrões e desaparecendo em seguida". Na carteira de registro, eram anotadas, por exemplo, as ocorrências durante o período de trabalho e os motivos de dispensas de antigos trabalhos (DUARTE, 1992, p. 1-9).

Quando deixavam de residir na casa dos senhores para os quais trabalhavam, os *servos* domésticos passaram a morar em casas populares nas cidades, os cortiços, que eram considerados ambientes promíscuos e infectados, tanto por médicos, quanto por membros das classes dominantes (RONCADOR, 2007). Um episódio que marcou a história dos cortiços foi a primeira destruição dessas moradias ocorrida na cidade do Rio de Janeiro, então capital do país, realizada a mando do presidente Rodrigues Alves (1902-1906) em nome dos discursos da modernização e da higienização (BARDANACHVILI, 2013), mas que se revela como política de branqueamento social e de genocídio da população negra.

Mesmo após as ondas de destruição dos cortiços, o objetivo dos grupos dominantes de se distanciar dos negros, então desalojados, não foi alcançado (BARDANACHVILI, 2013), pois muitos se instalaram em morros que hoje são conhecidos como favelas. Ao longo dos anos, as favelas foram se tornando alternativas de moradia para as criadas negras. Essas áreas foram crescendo em alta velocidade e frustrando os interesses de grupos dominantes que as condenavam (BARDANACHVILI, 2013). Como se tornaram uma espécie de mundo à parte no imaginário desses grupos, tanto os lugares quanto as práticas a eles pertencentes se tornaram uma espécie de ameaça.

Esse período foi marcado por uma intensa repressão às práticas culturais populares advindas da população negra que não se adequavam aos padrões culturais europeus. Candomblé, capoeira, violão, pandeiro e manifestações carnavalescas eram reprimidas por serem consideradas não só ameaças à ordem social, mas também por insuflar uma maior e indesejada união entre os negros, fortalecendo o sentimento de uma consciência negra (BARDANACHVILI, 2013).

Associava-se essas práticas à barbárie e à falta de civilidade, havendo, inclusive, mecanismos legais para sua repressão. Eram comumente enquadradas nos artigos 157 e 399 do Código Penal Brasileiro como vadiagem e crime contra a saúde pública. A criminalização de práticas como o candomblé e o canto dos orixás era oriunda de discursos que condenavam a magia, o espiritismo e as práticas em prol da cura de doenças (BARDANACHVILI, 2013). Não se buscava compreender tais práticas como culturais e identitárias para os grupos negros.

Mesmo com a repressão, os praticantes resistiam e, ao longo do tempo, transformaram essas práticas em manifestações culturais reconhecidas como próprias do povo brasileiro e representantes da identidade desse povo, como ocorre com o samba.

Falar dessas práticas e da repressão serve não só para ilustrar a situação dos negros no período pós-escravocrata, mas também para mostrar como as mulheres negras trabalhadoras domésticas eram uma das maiores responsáveis pela manutenção das práticas culturais e religiosas mantidas até hoje. Abordar os significados que essas práticas adquiriram durante esse período histórico nos ajuda a entender os próprios sentidos do que é ser trabalhadora doméstica na sociedade contemporânea.

As mulheres negras eram e são protagonistas em manifestações religiosas negras, o que se estende para várias outras práticas. Falando do contexto baiano, Rosane Bardanachvili (2013) explica que, dos terreiros para a vida cotidiana da comunidade, a força feminina foi se estendendo e se fazendo cada vez mais presente. Verdadeiras matriarcas, as negras baianas passaram a ser chamadas de tias. Eram matriarcas de famílias unidas por laços étnicos – e não necessariamente de sangue. Em torno delas eram cultivadas as tradições negras. As tias – com sua sabedoria, força e independência – eram conselheiras, rezadeiras, curandeiras, mediadoras de conflitos, organizadoras de festas e [...] administradoras dos recursos financeiros. Trabalhavam também como quituteiras e doceiras e providenciavam o que fosse necessário para as festas, os rituais e a sobrevivência da comunidade.

No Rio de Janeiro, era na casa de uma das tias mais conhecidas da cidade que os primeiros compositores de samba se reuniam, como Donga, Sinhô e João da Baiana. Nela eram organizados os ranchos que saíam nas ruas em período de Carnaval. O que se observa é que as mulheres empobrecidas e negras acabavam desafiando o modelo de família burguesa, modelo no qual a submissão da mulher em relação ao homem era uma regra. Além disso, a maternidade, considerada uma destinação natural das mulheres burguesas, nem sempre era vista como destino único e natural das mulheres negras (BARDANACHVILI, 2013).

Essa centralidade da mulher nos grupos sociais periféricos é algo que se mantém atualmente. Nas periferias e favelas, é comum as mulheres serem as chefes de família, o que ocorre não só em virtude de uma desestruturação familiar na qual os homens nem sempre cumprem suas obrigações sociais como pais e maridos, mas também em virtude da força que a mulher representa nessas comunidades. No período pós-escravocrata, mesmo os homens que apoiavam as mulheres tinham dificuldades para sustentar suas famílias, já que não conseguiam competir com os imigrantes europeus no mercado de trabalho, cuja vinda ao Brasil foi financiada pelo Estado brasileiro para integrar a mão de obra nacional (SILVIA, 2006).

Era usual que meninas ainda crianças ou adolescentes mudassem-se para a casa de famílias para trabalhar como criadas, o que se mantém depois da introdução de relações assalariadas de trabalho. O significado do trabalho doméstico na vida dessas jovens negras se associava a uma dinâmica que Julia Zanetti e Mônica Sacramento (2009) chamam de identidades entrecortadas, marcadas por pertencimentos como raça, sexo e geração, que acabavam somatizando a situação de exclusão social em que viviam.

"COMO SE FOSSEM DA FAMÍLIA"

As mensalistas residentes moram no local de trabalho. A diferença em relação às criadas do período pós-escravocrata é que elas passaram a receber uma retribuição pecuniária por seu trabalho. Trata-se de uma relação cuja configuração é um pouco mais legitimada pela sociedade se compararmos à relação de trabalho dessas criadas. No entanto, é um trabalho ainda marcado pela significativa informalidade, pela falta de proteção social e pela precariedade (HIRATA, 2008).

Durante um bom tempo no Brasil foi comum que as trabalhadoras domésticas residissem na casa dos patrões, repetindo o padrão das meninas que, desde cedo, iam morar nas casas em que trabalhavam, embora não fossem reconhecidas como trabalhadoras. Isso ampliava as dinâmicas de violência, pois ficavam disponíveis a todo o momento para satisfazer as necessidades dos patrões. Mesmo com o início das relações assalariadas, algumas dinâmicas simbólicas do período escravocrata eram mantidas, como a divisão hierárquica dos espaços da casa. Embora as empregadas pudessem ter acesso a todos os ambientes para trabalhar, esse acesso era restrito a determinados horários.

Em geral, seus quartos, pequenos, se encontravam próximos à cozinha. Quarto e banheiro se conjugavam no que se chamou de dependência de empregada – os famosos quartinhos –, algo ainda muito presente nas plantas de apartamentos e casas pelo Brasil, e nem sempre conformes às próprias normativas legais de salubridade. Essa divisão se estendia ainda a outros ambientes. Em prédios residenciais, era e ainda é comum a separação no uso de elevadores. Em geral, são designados como elevadores de serviço e deviam ser usados pelas empregadas e demais trabalhadores domésticos, enquanto os sociais são de uso dos moradores e visitantes.

Esse fenômeno da convergência entre local de moradia e de trabalho é marcado por algumas contradições, e duas delas são importantes aqui. A primeira é que as empregadas residentes contavam com maior nível de formalização do trabalho, escolaridade e permaneciam empregadas por mais tempo. No entanto, havia um alto nível de exploração na relação de trabalho configurada (IPEA, 2011), o que nos faz lembrar a servidão característica do período escravocrata. Submetidas aos interesses e às vontades dos patrões, sobrava pouco tempo para que elas pudessem se dedicar às suas vidas pessoais.

A segunda contradição é o surgimento do discurso "como se fosse da família" ou "quase parte da família", algo inclusive identificado pelo Instituto de Pesquisa Econômica e Aplicada – IPEA (2011). Esse discurso passou a ser ouvido em muitas casas que tinham suas empregadas residentes. Maria Betânia Ávila (2008, p. 65-72) é uma referência no debate sobre essas contradições cotidianas e estruturais. Ao mesmo tempo em que a relação podia (e pode) envolver um clima de afetividade e proximidade, mantinha as divisões hierárquicas relativas aos acessos aos espaços e às práticas dos patrões. O problema dessas contradições é que traduzir essas relações de trabalho em afetividade mascara relações de poder e desigualdades.

Para Sônia Roncador (2007), nessas relações tão aparentemente próximas, essas mulheres eram consideradas consumidoras desautorizadas dos bens e dos hábitos de seus patrões, o que são padrões psíquicos e comportamentais organizados pelo racismo, ao colocar os negros em lugares em que não podem minimamente acessar o que é confinado historicamente à branquitude. Completando esse quadro, o sociólogo Ronaldo Sales utiliza como argumento para a explicação da existência do discurso do "quase parte da família" o que chama de complexo de Tia Anastácia (SALES, 2006, p. 229-258). O autor faz referência à personagem do *Sítio do Pica Pau Amarelo*, obra literária infantil. Criada como uma "negra de estimação", ela é uma personagem que representa justamente as ambiguidades geradas por esse discurso de que as empregadas seriam quase parte da família.

Judith Santos (2010) afirma que esse é um complexo que alimenta uma interação subordinada. A empregada tende a ser considerada parte da família, mas sem sair da condicionante do *quase*. De acordo com Jorgetânia Ferreira (2009), as tentativas de transformar discursivamente a empregada em pessoa da (ou quase da) família ocorrem justamente nas interações da vida cotidiana.

Em pesquisa anterior que realizei com 50 trabalhadoras domésticas no estado de Minas Gerais, muitas delas eram de famílias empobrecidas e do interior do Estado, parte significativa vinha da região Nordeste do país, e tinham sido levadas ainda crianças ou adolescentes por familiares para trabalharem e morarem nas casas dos patrões. E esse padrão se repetiu até mesmo entre as entrevistadas na faixa etária de 35 a 40 anos. Elas acabavam perdendo possibilidades de criação e de manutenção de outros vínculos sociais e afetivos, o que acontecia, inclusive, em relação à própria família de origem (TEIXEIRA, 2015). Em muitos casos, a falta de acesso à educação as confinava ainda mais a essa falta de vínculos, o que podia gerar uma dependência psicológica em relação à família de seus patrões. Essa dependência reforçava a própria continuidade da condição de trabalhadoras domésticas.

Mesmo num contexto em que já havia regulamentação do trabalho doméstico assalariado, muitas dessas meninas no início de sua jornada não recebiam pelo trabalho. Havia uma troca de trabalho por moradia e alimentação precárias. Essas constatações são reforçadas pelo texto "Os desafios do passado no trabalho doméstico do século 21: reflexões para o caso brasileiro a partir dos dados da PNAD Contínua", publicado no site do Ipea em 2019. Um dos aspectos destacados no texto é o histórico de migração das meninas jovens do interior, principalmente do Nordeste, como já destacado, que as colocava em intensas práticas de exploração, bem como exposição a assédios sexuais e morais (PINHEIRO, 2019). Esse processo coloca a etnia como um marcador importante para se pensar o trabalho doméstico no país.

O processo também era permeado por práticas de resistência, sejam elas micropráticas cotidianas, artes de fazer e de sobreviver (CERTAU, 2015), sejam elas fugas. As fugas ou saídas das casas dos patrões com as quais estavam vinculadas desde crianças ou adolescentes representaram a criação de outros vínculos sociais, como fazer amizades, ter um companheiro e filhos (TEIXEIRA, 2015).

Tais componentes revelam os reforços estruturais às dinâmicas postas para as artes de sobrevivência das trabalhadoras domésticas, que envolvem não só o driblar os obstáculos estruturais de seu confinamento preponderante a ocupações mais precárias, como também um existir muitas vezes solitário, como únicas provedoras do seio familiar. Essa discussão se relaciona de modo intrínseco à solidão das mulheres negras historicamente denunciada por teóricas e ativistas feministas negras (OLIVEIRA; SANTOS, 2018). Esse contexto é reforçado pelo estudo de Julia Zanetti e Mônica Sacramento (2009), que relatam o menor índice de casamento entre as jovens que vão cedo para o trabalho doméstico, sobretudo se considerarmos o menor tempo para a dedicação à própria vida pessoal atravessado pela precocidade do trabalho doméstico.

AS MENSALISTAS NÃO RESIDENTES

Ao longo dos anos, a quantidade de trabalhadoras mensalistas que residiam na casa de trabalho foi diminuindo. Dados discutidos em 2019 mostravam que menos de 1% das trabalhadoras são residentes, contra um percentual de 12% em 1995 (na região Nordeste, nessa época, contudo, o índice era de 23%, contra um índice de 8% no Sudeste e no Sul, o que mostra que as desigualdades regionais refletem nos níveis de precariedade vivenciada) (PINHEIRO, 2019). Se as relações de trabalho entre patroas e empregadas que residiam no próprio lugar de moradia já eram permeadas pela construção social dela como sendo uma ameaça, as relações em que elas moravam em suas próprias casas ("cada uma em seu quadrado") traziam um temor intensificado. Pois essas mulheres representavam o trânsito do que estava nas comunidades, nas periferias e nas favelas para a casa de seus patrões.

Nesse intuito de se evitar a "contaminação" pelo diferente, construiu-se a imagem da empregada doméstica ideal: aquela que sabe equilibrar proximidade e distância de seus patrões (FREITAS, 2011). Ao mesmo tempo em que deveria se aproximar de seus valores e costumes (para melhor servi-los), deveria manter distantes os valores e as práticas dos grupos sociais e lugares aos quais pertenciam. Uma estratégia que os patrões passam a adotar em função desse idealismo é a criação de cursos de qualificação de empregadas domésticas. São cursos que existem até hoje (embora sob a argumentação de profissionalização) que visam modelar as empregadas, corrigindo seus hábitos e valores (OLIVEIRA, 2007; FREITAS, 2011).

Os já comentados manuais de orientação para donas de casa ganham força. Destinados às patroas, eles argumentavam que criadas sem fiscalização não serviam para nada e que era dever da mulher manter o olhar atento, transformando o ambiente doméstico em uma espécie de panóptico (RONCADOR, 2007). Um exemplo deles é citado por Roncador (2003, p. 55-71): "'guia prático da mulher independente', intitulado 'A aventura de ser dona de casa (dona de casa *vs.* empregada): um assunto sério visto com bom humor', escrito por Tania Kaufmann, em 1975, com o apoio da irmã, a escritora Clarice Lispector, e de feministas como a então presidente do Conselho Nacional de Mulheres no Brasil, Romy Medeiros da Fonseca".

Esses manuais e todo um conjunto de práticas incorporadas pela branquitude se juntam a várias tecnologias de combate a "essa mácula de um mundo diferente, que as domésticas trazem consigo, ao ambiente de trabalho, [que] funciona como uma insígnia social que deve ser combatida; livrar-se dela é um pré-requisito para que a trabalhadora seja bem avaliada" (FREITAS, 2011, p. 15). Eles reforçavam o mito da democracia racial no país, e a dificuldade de reconhecimento das desigualdades raciais.

Os manuais e a própria literatura brasileira contribuíram para reforçar a ideia da ameaça representada pela empregada e a consideração de que elas eram invejosas e invasoras da privacidade dos lares. Sônia Roncador (2007) destaca que, para alimentar essas construções sociais, narrativas de violências e de contágios físicos e morais por parte das empregadas foram utilizadas. Essas narrativas faziam parte de um esforço discursivo para a criação do medo burguês em relação aos criados e de uma tentativa de disseminação de teses médicas oitocentistas que defendiam a ideia da maternidade natural ou higiênica. De acordo com essas teses, a própria mãe quem deveria amamentar e cuidar dos filhos (RONCADOR, 2007), a despeito do costume herdado do período escravocrata de se ter amas de leite e mães pretas. Mesmo com a existência dessas teses, o costume de se ter empregadas domésticas foi mantido, mas as construções sociais disseminadas a seu respeito também. Vemos isso no discurso de uma patroa publicado em uma rede social no ano de 2009.

> "Já tive diversas empregadas, mas até agora só conheci dois tipos: ou evangélicas – aquelas tiradas a santas, que deixam a bíblia aberta em cima da cama [...] mas na

verdade, só estão lutando contra os sentimentos negativos que têm no coração, como inveja da gente, revolta porque são empregadas e etc., ou então, as piriguetes, aquelas que vivem com o celular pendurado, são mais procuradas do que cafetinas [...] ensinam aos nossos filhinhos, os passos do arrocha e do pagode [...]."
Publicação anônima na comunidade do Orkut Vítimas de Empregada Doméstica em 2009 (TEIXEIRA, 2013, p. 31-68, grifos nossos).

Aqui, observamos várias das construções que já vimos: a imagem de depravação sexual advinda do período escravocrata, a ideia de que são invejosas e de que são uma ameaça à integridade moral. A manutenção dessas construções sociais com imagens negativas das empregadas fez crescer as práticas de vigilância.

Um estudo realizado no interior de São Paulo com trabalhadoras domésticas adolescentes sobre acusações de furtos (ANGELIN; TRUZZI, 2015, p. 63-76), feito por Paulo Angelin e Oswaldo Truzin, identificou adolescentes que trabalham para complementar renda em casas onde as patroas pertencem à mesma classe social que elas, muitas vezes vizinhas ou amigas. São relações baseadas em afetividade e sem distanciamento, em virtude dos pertencimentos a um mesmo grupo social, embora ligadas a relações informais de trabalho com um quadro de desproteção social e com remunerações que correspondem a apenas uma parcela do salário-mínimo. Porém, no caso das adolescentes que trabalhavam para famílias de classe média alta, em relações distanciadas e não afetivas, por vezes baseadas em desconfianças e com relatos de humilhações, as acusações de furto estavam presentes nos relatos.

Havia ainda testes de confiabilidade a partir de práticas comuns do cotidiano do trabalho doméstico. Eles são realizados por patroas e patrões que deixam dinheiro em locais planejados para verificar se seriam furtados, entre outros. Tais acusações recaem fortemente sobre as trabalhadoras domésticas por conta da insígnia que as acompanha em virtude das colonialidades[2] de poder e de saber ligadas aos seus pertencimentos raciais, de classe e étnicos.

Para além de acusações indevidas e injustas respaldadas pelo mito negro (SOUZA, 1983) construído

---

2. Quijano formulou o conceito de colonialidade do poder para fins de compreensão das desigualdades sociais que estruturam a América Latina, como um padrão de poder sustentado a partir da raça, e da conquista capitalista da América pelos europeus. (QUIJANO, A. Colonialidade do poder, eurocentrismo e América Latina. In: LANDER, Egardo (Org.). A colonialidade do saber: eurocentrismo e ciências sociais – perspectivas latino-americanas. Buenos Aires: Clacso, 2005).

pela branquitude, em casos em que o furto de fato ocorre, observei em narrativas de entrevistas coletadas pela professora e pesquisadora Jurema Brites (2008, p. 73-99) algumas especificidades. Segundo a pesquisadora, os furtos adquirem simbolicamente o significado de um jogo. Em um estudo publicado por ela sobre as políticas da vida privada na prática do trabalho doméstico, há relatos de furtos cometidos pelas empregadas que poderiam ser substituídos por simples pedidos às patroas. Apesar de poderem ser considerados um reconhecimento deliberado da subalternidade presente na relação, o ato de furtar também pode ser simbolicamente considerado uma forma de exercer algum poder numa relação já tão subalternizada e, por vezes, desumanizada.

Importante mencionar que as mensalistas não residentes migraram do meio rural para o urbano. Outra migração importante é a de pessoas nordestinas para a região Sudeste do país em busca de melhores condições de existência, o que adiciona a categoria da etnia à discussão interseccional que envolve o trabalho doméstico.

A combinação de precárias qualificações para o mercado de trabalho formal dessas mulheres com a insuficiência de vagas nos locais de destino para absorver as demandas migratórias por ocupação contribuiu para que o trabalho doméstico se tornasse uma das opções mais contundentes para as mulheres. Além disso, nos anos 1970 e 1980, quando ocorreu uma entrada significativa de mulheres no mercado de trabalho formal, a demanda por trabalhadoras domésticas também cresceu (SILVIA; OLIVEN, 2010, p. 8.783-92).

Esse cenário migratório e de crescimento da demanda por trabalho doméstico acabou tornando mais diversificado o grupo de trabalhadoras domésticas. Do ponto de vista racial, várias mulheres não negras também se inseriram. Do ponto de vista regional, houve uma diversidade de origens das trabalhadoras, muitas do meio rural, do interior ou de outros estados. No entanto, raça seguiu e segue sendo uma categoria intrínseca à própria constituição do trabalho doméstico e da estruturação de suas relações que, apesar de terem ido se alterando conforme tempo e espaço, é o produto de intersecções importantes entre raça-etnia, gênero e classe.

A TRABALHADORA DOMÉSTICA NO IMAGINÁRIO DOS PATRÕES

O diálogo protagonizado por duas empregadas no filme *Domésticas*, de 2001, é interessante para introduzir a discussão sobre o crescimento do número de diaristas, e a redução no número de trabalhadoras domésticas mensalistas. Da década de 1990 em diante, houve uma mudança significativa no mercado do trabalho doméstico (FRAGA, 2011) e nas práticas sociais a ele relacionadas. Ocorreu um fenômeno em que, para muitas mulheres jovens, ser trabalhadora doméstica foi deixando de ser uma condição historicamente colocada de continuidade para as filhas de trabalhadoras domésticas, para cada vez mais se tornar um trabalho temporário, evitando-se passar pelo trabalho doméstico, ou assumindo-o como apenas uma passagem para um trabalho efetivo (FRAGA, 2011).

Um texto de discussão publicado pelo IPEA em 2019 mostra que os últimos anos no país foram marcados por um envelhecimento da categoria, com o aumento do número de trabalhadoras com mais de 60 anos (o que também ocorreu em outras ocupações, mas numa média alta entre as trabalhadoras domésticas). Além disso, houve redução do número de trabalhadoras jovens em função da ampliação de acesso a outras opções no mercado de trabalho como o *telemarketing* e as atividades comerciárias. E isso não significava que elas acessavam trabalhos menos precários (o *telemarketing*, por exemplo, é um contexto precário e marcado por violências de várias ordens), mas menos estigmatizados (PINHEIRO, 2019).

A atribuição do significado social de trabalho temporário ao doméstico ocorreu principalmente entre as mulheres jovens (FRAGA, 2011), "pensado como uma estratégia momentânea enquanto não se ascende a outro momento de vida" (ÁVILA, 2008, p.67). Embora essa seja uma condição não superada por muitas mulheres, sobretudo em contextos de crise econômica de características neoliberais, o significado de provisoriedade do trabalho doméstico foi ganhando força. Outro aspecto é a histórica construção social do trabalho doméstico como não sendo uma verdadeira profissão (TEIXEIRA, 2015), devendo, assim, ser sucedido por outro trabalho que seria o verdadeiro.

O crescimento da renda de determinados grupos contribuiu para o envelhecimento da categoria. Esse último aspecto, inclusive, nos levou há alguns anos à discussão sobre uma suposta nova classe média brasileira, conceito esse que deve ser refutado sobretudo porque não representou uma efetiva ascensão social, mas aumentos efêmeros de poder de consumo, que não se sustentaram em contextos de crise econômica.

Em 2011, ao analisar as mudanças no quadro de pobreza no Brasil, o IPEA (2011) observou que tinha havido uma evolução na distribuição da renda ocasionada por crescimento econômico, geração de empregos e por políticas de transferência de renda, como o Bolsa Família. Maria Carneiro e Emerson Rocha (2011, p. 125-42) evidenciaram, no mesmo ano, que as trabalhadoras domésticas do contexto urbano já começavam a acessar o consumo de alguns bens básicos de conforto (não luxo). Essas conquistas, se considerarmos o cenário atual, ou estão sob ameaças ou foram perdidas por várias dessas trabalhadoras.

Sobre o aumento da escolaridade, é importante destacar que atualmente muitas filhas de mulheres que trabalharam a vida inteira como domésticas ocupam vagas no ensino superior, e isso se deve em grande parte às políticas públicas direcionadas à educação. Podemos destacar tanto a ampliação da conclusão do ensino fundamental, das vagas em universidades públicas e a adoção de políticas afirmativas, como as cotas sociais e raciais para o ingresso no ensino superior; e os programas de bolsas e financiamentos estudantis (PINHEIRO, 2019). De acordo com o estudo "Os desafios do passado no trabalho doméstico do século 21: reflexões para o caso brasileiro a partir dos dados da PNAD contínua", ainda que esse processo não tenha sido capaz de reverter a baixa escolaridade da categoria, é importante destacar que a juventude presente no trabalho doméstico já alcança hoje uma média que varia de 9,7 a 10,7 anos de estudo – o que já corresponde ao ensino fundamental completo e mais alguns anos do ensino médio. Não muito tempo atrás, esse cenário seria inimaginável (PINHEIRO, 2019).

Até aqui, muitas mulheres começaram a observar na ocupação das diaristas a possibilidade de relações mais autônomas de trabalho. Isso trazia outra implicação importante para o cotidiano do trabalho doméstico: a histórica ideia de servidão se reduz substancialmente em poucos casos. Em algumas áreas urbanas, e especialmente no Sul e Sudeste, a autonomia tornou-se uma das características do trabalho doméstico das diaristas, que podiam escolher onde trabalhar e inclusive recusar ofertas diante de uma alta demanda por seu trabalho. Além disso, contavam com mais autonomia para escolher em que dias da semana trabalhariam (BARBA, 2011).

As patroas, que estavam acostumadas a relações mais subordinadas, com empregadas mais dependentes, estranharam o novo contexto. Um discurso comum é o de que não se faz mais empregadas como antigamente, fala carregada de críticas implícitas pela suposta negação das mulheres empobrecidas à lógica de servidão que lhes seria natural e inerente (TEIXEIRA; SARAIVA; CARRIERI, 2015; RONCADOR, 2003; SANSONE, 2003).

O que ocorre é que, embora o significado social de trabalho doméstico tenha se alterado no sentido da provisoriedade e da menor subordinação (sentido não passível de generalização), as construções historicamente disseminadas sobre as trabalhadoras ainda se mantêm, e discursos de resposta a esse cenário surgem. O fragmento de um diálogo entre duas patroas encontrado por mim em uma rede social serve de exemplo desse estranhamento.

> "A minha diarista me disse que lavar roupa não é tarefa dela, ou seja, diarista não lava roupa e nem cozinha, é verdade? (Priscila) [...] se contratou pra algo específico, a pessoa só vai fazer o acertado, se foi para os serviços gerais, seria para tudo. Elas agora acham que cozinhar e passar é serviço especializado, tem que avisar antes. Estão cheias de nove horas, essas moças (Elisa)." (TEIXEIRA, 2013, p.63)

Como vimos em relação ao período pós-escravocrata, houve uma dificuldade de adaptação às ressignificações do trabalho doméstico. Quaisquer pequenos avanços não eliminam essas e outras dimensões de precariedade na vida dessas mulheres (CARNEIRO; ROCHA, 2011, p. 125-42). Falar de diaristas é falar de uma maioria de mulheres que trabalham na informalidade, sem qualquer proteção social, e que exercem também um serviço mais intenso todos os dias, já que comumente organizado num cronograma de faxinas – limpezas mais pesadas – ao longo da semana em várias residências. Falamos de trabalhadoras que podem conseguir um rendimento médio por hora maior com a atividade de diarista, mas falamos também de um Estado omisso na proteção dessas trabalhadoras.

Reconhecer como a história do trabalho doméstico está ligada à história escravocrata no Brasil e, consequentemente, aos efeitos do racismo estrutural, é um passo fundamental para análises mais abrangentes sobre as condições desse tipo de trabalho. Vimos análises superficiais desse processo ocorrerem em reportagens midiáticas. Uma delas traz o título "Elas estão com a bola toda", publicada pela revista *Veja São Paulo* em 11 de maio de 2011, e, segundo o artigo de Jefferson Belarmino de Freitas, sumariza uma interpretação cada vez mais difundida na cidade de São Paulo no que concerne às atuais dinâmicas do emprego doméstico que ali se configuram. Conseguiu-se, para os fins da reportagem, captar a ideia sustentáculo dessa interpretação a partir de um comentário feito por uma empregada doméstica entrevistada: "Não tenho medo de ser demitida. Se quiser, arranjo outro emprego amanhã. O jogo virou para o nosso lado. Agora as patroas estão nos tratando melhor" (Veja São Paulo, 2011:37). Em poucos momentos da reportagem as vozes das empregadas domésticas deixam de soar altivas (por vezes mesmo, petulantes); ao contrário, é raro que as patroas não apareçam dramaticamente vitimadas pelo receio de perderem as suas trabalhadoras, e/ou amedrontadas pela iminência de terem que pagar altos salários pelos seus serviços. Seja qual for o caso, há sempre um clima de desconfiança na relação entre ambas, como atesta uma doméstica entrevistada: "Tive uma patroa que gostava de me testar. Ela deixava várias notas de

50 reais espalhadas pela casa. Era oncinha para todo lado. Um dia perguntei: 'Você acha que só porque eu sou empregada vou te roubar'". (Veja São Paulo, 2011:37) (FREITAS, 2014, p. 199-200).

Uma das implicações daquele cenário foi o crescimento dos discursos da mídia visando à ressignificação do trabalho doméstico. De 2011 a 2015, percebi o aumento de reportagens televisivas sobre o tema. Fato que poderia ser considerado uma resposta discursiva da mídia para as "previsões de ascensão econômica no Brasil [que] minam o futuro das empregadas domésticas, uma vez que estas agora também podem estudar rumo a uma ocupação mais rentável" (BARBA, 2011). O medo burguês dos *criados* ganha um novo contorno: o medo burguês da ascensão dos criados. Ele envolve também o medo de seu acesso a espaços de privilégios brancos, como no caso de uma concorrência de filhos de trabalhadoras domésticas a vagas nas universidades, como o filme *Que horas ela volta?* (MUYLAERT, 2015), nos permite refletir, enquanto arte que retrata aspectos da realidade.

As reportagens em grandes veículos de mídia e em horário nobre traziam discursos de valorização do trabalho doméstico, de sua ascensão social, e sobre seus investimentos na educação. Diante do potencial risco de que essa ocupação (que passou inclusive a ser citada como profissão) acabasse e, diante das dificuldades que as famílias já encontravam para contratar empregadas domésticas mensalistas, foi interessante observar o jogo discursivo que construiu a personagem das empregadas como trabalhadoras que mereciam destaque.

Um dos auges dessa midiatização foi a transmissão pela Rede Globo, da novela *Cheias de charme* (MINGUEZ; OLIVEIRA, 2012). Pela primeira vez na história das telenovelas brasileiras, mais de uma trabalhadora doméstica era protagonista. Dentro do folhetim, a TV Globo (2012), em parceria com a Organização Internacional do Trabalho (OIT) e a ONU Mulheres – Organização das Nações Unidas para Mulheres – veiculou uma ação de responsabilidade social com o objetivo de conscientizar as trabalhadoras domésticas de que seu trabalho era digno e gozava de direitos.

No entanto, essa mesma novela trouxe contradições importantes que precisam ser analisadas, como a estereotipia de trejeitos e de falas mais distantes do padrão da norma culta da língua que seriam característicos de mulheres de comunidades e periferias para a única empregada doméstica que era negra entre o trio de protagonistas, Penha, interpretada por Taís Araújo, o que reproduz dinâmicas classificatórias racistas. E a disseminação da palavra *empreguetes*, que impacta negativamente os esforços de movimentos políticos de mulheres negras para desvincular a sexualidade da imagem da mulher negra. *Empreguetes* tem o mesmo sufixo de *periguetes*, culturalmente utilizado para designar mulheres fáceis cujos corpos são objetos de satisfação masculina (PORTELA, 2011), ou mesmo para inferiorização de alguém.

No clipe da música tema da novela, as três personagens se vestiam num tom cômico de patroas. Podemos relacionar o clipe e várias abordagens presentes na novela ao racismo recreativo discutido por Adilson Moreira (2020), construído de modo implícito. Além disso, Penha, a personagem de Taís Araújo, tinha um relacionamento conturbado com o pai do seu filho, que assumia a típica personagem do malandro, um humor que reforçava vários estereótipos atribuídos aos homens negros.

A música reproduz o que o gênero como dispositivo de poder constrói como performance da feminilidade no que se refere à estilização do corpo – "fim de semana é salto alto e ver no que vai dar" – e as práticas do adorno ligadas à busca por relações heterossexuais. Outro componente que grita para quem se apropria dos escritos das teóricas e ativistas feministas negras é a relação da empregada doméstica com a personagem do (masculino) "ficante" e não de companheiros efetivos, o que não nos faz deixar de relacionar a já discutida solidão da mulher negra.

Mas, pode-se questionar: se nem todas as trabalhadoras domésticas são negras, e nem todas as três protagonistas da novela eram negras, por que a relação com a solidão da mulher negra? Porque embora a estatística revele que 64% das trabalhadoras domésticas sejam negras (SANTOS; RODRIGUES; GALVAAN, 2019), e ainda supomos que esse percentual seja maior em função da ainda difícil assunção da identidade negra, construída historicamente de modo negativado pela branquitude, o imaginário social brasileiro sobre a figura da trabalhadora doméstica é sobre uma mulher negra.

Se estivermos falando do imaginário da "mãe preta, [que] pode ser considerada a figura da gorda assexuada presa na cozinha da Casa Grande, ela não é portadora de beleza que ameace a mulher branca" (AKOTIRENE, 2020), esse processo se intensifica. Ao contrário da Penha, que se enquadrava no padrão racista "mulata tipo exportação", a mulher negra que remete à mãe preta é considerada a trabalhadora doméstica ideal nos processos de seleção de trabalhadoras domésticas, além de sofrer mais intensamente com a solidão da mulher negra. Mesmo a "mulata tipo exportação", magra e de corpo com curvas acentuadas, pode também ser alvo da solidão, pois recaem sobre ela construções culturais que a colocam como uma mulher com maior potencial de objetificação do corpo e inadequada para se casar.

PEC DAS DOMÉSTICAS E AS MUDANÇAS NA LEGISLAÇÃO

Em 2013 cresceram as abordagens midiáticas e uma discussão mais ampliada sobre o trabalho doméstico em virtude da Proposta de Emenda Constitucional – PEC que visava ampliar os direitos das trabalhadoras domésticas. Um dos marcos de regulamentação da atividade, que passou por várias pequenas conquistas anteriores, e fruto de intensos esforços e luta da categoria de trabalhadoras, ocorreu em 1972, pois o trabalho doméstico não foi abarcado pela Consolidação das Leis do Trabalho (CLT) de 1943. Conforme citado no livro de Maurício Delgado e Gabriela Delgado (2016, p. 17-18), intitulado *O Novo Manual do Trabalho Doméstico*, o contrato de trabalho doméstico caracteriza-se por ser a última das figuras de contratação empregatícia de trabalhadores no Brasil que foi incorporada pelo Direito do Trabalho do país. Desde a década de 1930, como se sabe, o Direito do Trabalho passou a se generalizar na economia e na sociedade brasileiras, deflagrando um processo de inserção econômica e social de importantes segmentos da população nacional. Nesse processo de generalização e de inclusão, a CLT, aprovada pelo Decreto-lei nº 5.452, de 1º de maio de 1943, teve papel de destaque, ao lado de inúmeros diplomas legais esparsos complementares que foram instituídos nos anos e décadas subsequentes a 1943. Essencialmente apenas dois tipos de efetivos empregados mantiveram-se excluídos desse processo de integração jurídico-trabalhista generalizado nos anos 1930: os trabalhadores rurais e os trabalhadores domésticos, mesmo que fossem, já àquela época, contratados com os elementos componentes da relação de emprego.

A Lei nº 5.859 de 1972 tratava do trabalho doméstico, mas estendia a ele somente dois direitos: assinatura da carteira de trabalho e férias anuais remuneradas de 20 dias. A partir disso, possibilitou algo então inédito no país: o acesso (limitado) da categoria à previdência social oficial que, na época, se chamava INPS (DELGADO, 2016) (esse fato me faz lembrar, enquanto escrevo, como minha mãe, nascida no ano de 1953, guardava seus carnês do INPS, de cor laranja, como se fossem sua vida. Não teve tempo de usufruir, contudo, da aposentadoria). Falamos, pois, de algo ainda muito recente na historiografia do país, e que ainda representava, como destaca Maurício Delgado, um silêncio sobre direitos a "salário-mínimo, irredutibilidade salarial, 13º salário, aviso-prévio, descanso semanal remunerado, garantia à gestante etc." (DELGADO, 2019, p. 452)

Essa Lei estabelece três condicionantes para a caracterização do trabalho doméstico: a natureza contínua, a finalidade não lucrativa e a pessoalidade (Brasil, 1972). É uma regulamentação que foi tardia sob a justificativa do alto grau de dispersão dessas trabalhadoras e trabalhadores[3] e a natureza peculiar das relações estabelecidas entre empregado e empregador, que são caracterizadas pela subordinação e pela pessoalidade (OLIVEIRA, 2009).

Na Constituição Federal de 1988 houve uma destinação de direitos trabalhistas aos trabalhadores domésticos, o que configurou uma fase que os juristas Maurício Delgado e Gabriela Delgado (2016, p. 15) chamam de fase de "cidadania deflagrada", com o início da institucionalização dessa cidadania trabalhista, no que se refere à trajetória jurídica do trabalho doméstico no país. No entanto, essa destinação foi desigual. Enquanto aos trabalhadores domésticos foram destinados nove direitos, que estão dispostos no parágrafo

---

3. É importante especificar as várias atividades que compõem legalmente a categoria. Para isso, vou citar aqui uma classificação resumida e didática que o professor da UFG, Vítor Sousa Freitas, que foi muito gentil comigo na escrita deste livro, e a quem acessei a partir da irmã de luta Josiane Oliveira, me enviou: "a Classificação Brasileira de Ocupações (CBO), criada em 2002, reconhece vinte ocupações domésticas, prevendo para cada uma um código a ser anotado junto à função do trabalhador em sua CTPS, quando da contratação [vou suprimir os códigos]: Acompanhante de Idosos; Arrumadeira; Assistente Doméstico; Assistente Pessoal; Babá; Cozinheira; Cuidador de Criança; Dama de Companhia; Empregada Doméstica; Enfermeira; Faxineira; Garçom; Jardineiro; Lavadeira; Marinheiro; Mordomo; Motorista; Passadeira; Piloto; Vigia". Obrigada, Vitor!

único do artigo 7º, foram destinados no mesmo artigo 34 direitos ao demais trabalhadores (BELÉM, 2010). Asseguraram à categoria dos empregados domésticos somente os direitos ao salário-mínimo, à irredutibilidade do salário, ao 13º salário, ao repouso semanal remunerado, às férias, à licença maternidade, à licença paternidade, ao aviso prévio, à aposentadoria, além da integração à previdência social (MAIA, 2010). Vitor Sousa Freitas (2020) explica que na Constituição foram direitos ainda não estendidos a essa categoria proteção contra a demissão arbitrária, seguro desemprego, FGTS, piso salarial para a categoria, garantia de salário mínimo em caso de remuneração variável (salário-hora calculado com base no salário mínimo, por exemplo), proteção do salário contra retenção dolosa, salário família, jornada de trabalho regulada e limitada a oito horas diárias, adicional noturno, remuneração por horas-extras, redução dos riscos laborais por meio de normas específicas de saúde, higiene e segurança, adicional de penosidade, insalubridade e periculosidade, assistência gratuita aos filhos e dependentes com até 5 anos de idade em creches e pré-escolas, reconhecimento de acordos e convenções coletivas, seguro contra acidentes de trabalho, isonomia salarial, proteção ao trabalho com deficiência, proibição de trabalho doméstico a crianças e adolescentes menores de 16 anos e trabalho doméstico noturno aos menores de 18 anos.

Em 2006, a Lei nº 11.324/06 marca a fase que Maurício e Gabriela Delgado chamam de fase da "cidadania ampliada" ainda em ciclo de institucionalização. Essa Lei trouxe quatro direitos para a categoria: descanso remunerado nos feriados, férias anuais remuneradas de 30 dias corridos, garantia de emprego à gestante, e a confirmação de que não era permitido ao empregador descontar do salário do empregado despesas como as de alimentação e moradia (BRASIL, 2006).

Em relação à jornada de trabalho da doméstica, não havia, até 2013, uma tipificação legislativa que a limitasse, enquanto aos demais trabalhadores o limite estipulado na Constituição é de oito horas diárias e 44 horas por semana. Além disso, não havia também ainda a garantia de pagamento de horas extras. Como consequência, elas enfrentavam uma jornada marcada pela elasticidade, com variações de horários e de tarefas que se agravava em relação às trabalhadoras residentes. Em regiões como Centro-oeste e Nordeste, a situação tendia a ser pior, pois as jornadas de trabalho eram em média maiores e a remuneração, menor.

Em novembro de 2012 começou a tramitar no Brasil a PEC 66/2012, conhecida como PEC das Domésticas, que visava a alteração do parágrafo único do artigo 7º da Constituição de 88 "para estabelecer a igualdade de direitos trabalhistas entre os trabalhadores domésticos e demais trabalhadores urbanos e rurais". O que ela trazia de propostas de diferenças formais para os trabalhadores domésticos era a extensão de 17 direitos já garantidos aos demais trabalhadores.

A intensa discussão sobre a PEC acionou a explicitação do racismo e da estrutura de divisão de classes de nossa sociedade. Admitir que legalmente as trabalhadoras domésticas seriam tratadas como os demais trabalhadores era não só institucionalizar um reconhecimento mais efetivo do trabalho doméstico, como também romper com sua naturalização, o que de fato ainda não ocorreu numa sociedade em que não rompe com os pactos narcísicos da branquitude (BENTO, 2002).

Em 2 de abril de 2013, a partir da PEC, foi promulgada a Emenda Constitucional nº 72, que gerou efeitos imediatos de regulamentação da jornada de trabalho dos trabalhadores domésticos, com direito a horas extras. Para os formalizados, houve efeito sobre o direito à aposentadoria por tempo de contribuição, idade e invalidez; auxílio em acidentes de trabalho; pensão por morte; salário maternidade e auxílio-doença. Apenas nove direitos tiveram aplicação imediata.

A regulamentação da PEC ocorreu em 2015, com a Lei Complementar nº 150, que ficou conhecida como Lei das Domésticas. A partir dela foram regulamentados os direitos ao Fundo de Garantia do Tempo de Serviço (FGTS); seguro-desemprego; adicional noturno; adicional de viagens e salário-família. Maurício e Gabriela Delgado consideram que a junção da Emenda Constitucional nº 72/2013 e a Lei Complementar nº 150/2015 configuram a fase da "cidadania consolidada" para a trajetória jurídica do trabalho doméstico no país: o que chamam de consumação do "ciclo de institucionalização da cidadania trabalhista doméstica". (DELGADO, 2016, p. 15)

Tecendo esse cenário que culmina na Lei Complementar nº 150/2015, importante observar que, em junho de 2011, a Convenção nº 189 promulgada pela OIT acabou se configurando como uma pressão institucional e internacional para que os países regularizassem a condição legal dos trabalhadores domésticos. Um dos objetivos da Convenção era promover a extensão de todos os direitos trabalhistas aos trabalhadores domésticos, o que pode ser considerado um momento importante nessa discussão e uma pressão para os Estados e seu corpo político e jurídico.

Embora o Brasil não tenha ratificado a Convenção naquele momento, fazendo-o apenas em 2017 a partir do Decreto Legislativo nº 172, esse foi um cenário favorável para a sinalização de mudanças legais que vinham sendo alvo de intensos esforços dos sindicatos de trabalhadoras domésticas no Brasil, da Fenatrad, e de pautas do Movimento Negro. Além disso, como em alguns países da América Latina, no momento em que a esquerda chegou ao poder o Brasil tinha uma agenda de projetos baseados em "inovação de políticas sociais" (MARCONDES, 2019, p. 12).

Entre sucessos e insucessos desses projetos da época, foi no primeiro mandato da presidenta Dilma Rousseff (PT) que começou a tramitar a PEC das Domésticas. O texto inicial da PEC é de 2010, do deputado Carlos Bezerra (PMDB-MT) e de outros. No texto inicial, o deputado frisava que desde 2008 havia sido iniciado o trabalho de elaboração de uma proposta para o "tratamento isonômico entre os trabalhadores domésticos e os demais trabalhadores urbanos e rurais brasileiros. A tarefa foi entregue a um grupo multidisciplinar [...]. Infelizmente, os trabalhos iniciados em 2008, no Governo Federal, foram interrompidos e permaneceram inconclusos. A principal dificuldade encontrada pelos técnicos para a conclusão dos trabalhos é o aumento dos encargos financeiros para os empregadores domésticos. [...] Todavia, o sistema hoje em vigor, que permite a existência de trabalhadores de segunda categoria, é uma verdadeira nódoa na Constituição democrática de 1988 e deve ser extinto, pois não há justificativa ética para que possamos conviver por mais tempo com essa iniquidade" (CÂMARA DOS DEPUTADOS, 2012).

Seguindo a força política das ancestralidades negras em que reconhecemos que "nossos passos vêm de longe", como afirma Jurema Werneck, a relatora da PEC tramitada em 2012 foi a deputada Benedita da Silva (PT-RJ), mulher preta com formação em Serviço Social, e que foi governadora do Rio de Janeiro. Benedita, após negociações com a categoria e com o governo federal, foi quem tomou a decisão de proposta de extensão dos 16 direitos específicos que a PEC propôs para os trabalhadores domésticos. Além disso, tomou decisões que visavam à proteção dos direitos que já eram garantidos a esses trabalhadores. E essas decisões partiram de escutas e trocas coletivas com "pessoas com expertise, o sindicato das trabalhadoras domésticas, governo, sociedade civil e juízes".

Embora a importância da regulamentação tenha sido significativa, ela foi alvo de intensas disputas dos movimentos políticos organizados de trabalhadoras domésticas, dos sindicatos e da Fenatrad, que incansavelmente lutaram para que as regulamentações seguissem aquilo que seria considerado minimamente necessário a se institucionalizar. Contar a história do trabalho doméstico no Brasil é contar também uma história sindical. As trabalhadoras domésticas brasileiras, desde as primeiras conquistas para a categoria, fizeram mobilizações tanto internas quanto no âmbito internacional em prol de um tratamento legal justo (THEMIS, 2020).

Até os desafios legais são imensos. As diaristas, por exemplo, deixaram de ser contempladas como a categoria lutou para que fossem. E o tão midiático cenário de aumento de renda dessas trabalhadoras cai por terra nos últimos anos em função de crises econômicas e da persistência da alta informalidade do trabalho doméstico. Além disso, dentro da perspectiva do Direito, Vitor Freitas chama a atenção para o que, segundo ele, dentro do campo do Direito Constitucional, é chamado de "efeito backlash", que compreende as reações que "buscam burlar direitos reconhecidos por meios tangenciais". Ele também chama a atenção para a categoria da legislação simbólica como categoria que nos ajuda a entender esse processo. Cita a contribuição do Prof. Marcelo Neves, da UNB, para a discussão sobre o conceito de constitucionalização simbólica dentro do Direito Constitucional. Marcelo Neves (1996, p. 327) fala de uma constitucionalização simbólica no contexto daquela que "implica mudança de(o) texto constitucional sem correspondente alteração das estruturas reais subjacentes". A explicação de Freitas sobre o conceito nos ajuda na discussão aqui ao considerar que "esse conceito se aplicaria a normas constitucionais cuja função não é estritamente normativa, no sentido de regular situações jurídicas de modo eficaz na realidade das relações sociais, mas sim simbólica, reduzindo pressões sociais e demonstrando compromisso político com certas pautas, sem que as relações sociais sejam de fato alteradas" (FREITAS, 2020).[4]

Um dos discursos veiculados à época de discussão da PEC foi que, a partir do aumento dos custos de se manter uma trabalhadora doméstica em função da ampliação de seus direitos, e da garantia mínima de jornada de trabalho, limitação e pagamento de horas extras, essa seria uma ocupação que se tornaria extinta ou escassa. No entanto, o que houve foi, ao longo dos anos, um aumento no número de trabalhadores domésticos no país acompanhado de um aumento da informalidade. No contexto de aprovação da PEC, em 2013, havia um total de 5,97 milhões de trabalhadoras/es domésticas/os (69% na informalidade). Em 2018, em contexto posterior à Lei n° 150/2015, havia cerca de 6,27 milhões na categoria (70% na informalidade). Já em 2019, de acordo com dados divulgados

---

4. Cabem ainda intensas discussões acerca da questão legislativa que envolve o trabalho doméstico e as lutas que são travadas dentro desse contexto. Em uma monografia de graduação, Luiz Cláudio Messias, com a orientação de Vitor Freitas, analisou a Emenda Constitucional n° 72 a partir, justamente, desse conceito de constitucionalização simbólica, e fica como uma indicação de fonte para esse debate (Costa, L. C. M. Emenda Constitucional n° 72 de 2013: um caso de constitucionalização simbólica? 2013. Trabalho de Conclusão de Curso. (Graduação em Direito – UFG).

em 2020, havia um total de 6,35 milhões (71,8% na informalidade) (o que foi alterado, contudo, com o impacto da pandemia a partir de 2020 no disparar do desemprego dessas trabalhadoras). Desse total, 97% são mulheres, o que mostra a relevância de seguirmos falando de trabalhadoras domésticas no feminino. Os dados mostram ainda o índice mais alto de informalidade desde o início da coleta desses dados pelo instituto desde 2012.

Esse crescimento não se deve apenas ao aumento do número de diaristas, mas também ao aumento do número de mensalistas mantidas na informalidade, o que é ilegal. O que ocorre ainda hoje é que a pessoalidade envolvida nessa relação, o resquício/manutenção do mito de ser quase da família e a situação de vulnerabilidade dessas mulheres, sobretudo negras, na dependência do trabalho numa estrutura condicionada pelo racismo, classismo e sexismo contribuem para esse quadro de desproteção. Os dados mostram que menos de 50% das mensalistas estão formalizadas. Uma das estratégias utilizadas pelos patrões, além de manutenção da própria contratação informal, é a barganha ao dizer que consegue pagar mais se não tiver que pagar os direitos legalmente. Soma-se a esse quadro o fato de que, em pesquisa de 2020, 70% das trabalhadoras domésticas ouvidas disseram desconhecer seus atuais direitos (THEMIS, 2020).

Sobre a crença de que as diaristas conseguem auferir uma renda maior, é importante explicar que isso não configura um rendimento médio mensal maior, considerando o número de trabalhadoras domésticas, já que a formalização da relação de trabalho tem uma relação direta com o aumento da renda mensal. Como apenas uma pequena parcela de diaristas configura vínculo empregatício e, quando o fazem, uma parcela ainda menor tem de fato a carteira assinada, e levando em conta as disparidades regionais, essa crença precisa ser relativizada. De fato, se analisarmos estritamente a diferença de rendimento médio mensal considerando os intercruzamentos entre mensalistas *versus* diaristas, e formais *versus* informais, as diaristas com carteira assinada saem na frente. Porém, são minoria. Dados da PNAD Contínua de 2018 indicam os seguintes rendimentos médios mensais para a categoria: R$ 1.349,50 para diaristas com registro em carteira; R$ 1.296,00 para mensalistas com registro; R$ 712,30 para diaristas sem registro; e R$ 692,30 para mensalistas sem registro (PINHEIRO, 2019). Ou seja, a formalização assume um papel significativo tanto na renda como na proteção social e legal. E, do total de trabalhadoras domésticas no país, 70% são mensalistas, embora a maioria seja informal. Sobre as diaristas, cerca de 90% delas recebem em média apenas R$ 690,00 por mês

(MONTICELLI, 2020). Isso se deve às disparidades regionais especialmente entre as regiões Sul e Sudeste *versus* Nordeste e Norte. As médias maiores de Sul e Sudeste jogam os rendimentos para acima do que a realidade de muitas trabalhadoras, no sentindo quantitativo, conseguem auferir. De acordo com a PNAD Contínua, em 2018, a renda média da trabalhadora doméstica no Nordeste era de 58% do salário-mínimo.

Recorro às palavras de Luana Pinheiro et al. (2019), que explicam que "há inúmeros Brasis dentro de um único Brasil". Em relação à cobertura previdenciária, por exemplo, enquanto temos uma média de 63% para as trabalhadoras mensalistas da região Sul, temos uma média de 8% para as diaristas da região Norte (PINHEIRO, 2019). Trata-se, assim, de um cenário de significativa informalidade e disparidades regionais.[5]

---

5. Em 2013, o índice de formalização ultrapassou pela primeira vez os 30%, e seguiu crescendo até 2016. No entanto, a partir de 2016, a formalização voltou a cair (PINHEIRO et al., 2019).

INTERSECCIONALIDADES ENTRE RAÇA, GÊNERO E CLASSE NO TRABALHO DOMÉSTICO

Não dá para pensar trabalho doméstico a partir de matrizes de pensamento únicas, como divisão sexual do trabalho. É muito comum que se discuta o trabalho doméstico, remunerado ou não, imputando às mulheres a maior sobrecarga por esse tipo de função por uma questão estrita de gênero. Embora isso seja parte do que constitui o trabalho doméstico em nossa sociedade, esta é uma análise muito simplista de como se configuram tais relações.

Quando falamos em trabalho doméstico não remunerado, aquele feito por quem comumente chamávamos ou chamamos de dona de casa, gritam também as diferenças de acesso às tecnologias disponíveis para reduzir o tempo dedicado a ele nas casas por uma questão socioeconômica. Em agosto de 2020, em meio à pandemia, ao comentar uma publicação de uma rede social sobre o bem de consumo máquina de lavar louças, uma colega da academia que se dedica ao ensino sobre diversidades escreveu, ao dizer o que respondia para as pessoas que a questionavam se lava-louças limpava de fato as louças: "Eu sou doida pela minha máquina de lavar louças. E fico impressionada quando alguém me pergunta se lava msm. Kkkkk 'Lava, amor, melhor q vc. E ainda não faz uso daquela esponjinha craquelenta q vc deixa na suas pia'. Kkkkkkk'". Eu me senti ofendida, por mim, e coletivamente. A mim, não importa se ela respondia a quem fazia perguntas chatas. Importa é que é com essas buchas "craquelentas" que milhões de mulheres lavam as louças de suas casas com seu trabalho doméstico não remunerado, ou de outras casas com o trabalho doméstico remunerado.

Não são todas as mulheres que dispõem de acesso a tecnologias que auxiliam nas atividades domésticas não remuneradas, e mesmo nas remuneradas. E, curiosamente, são essas as que mais se beneficiariam das tais tecnologias, visto que acumulam atividades que, sim, devem ser corresponsabilidade dos homens. Mas devem ser pensadas para além de uma suposta irmandade irrestrita entre mulheres. Estão vendo como a discussão, às vezes, parece ser uma questão de acesso ou não a bens de consumo? E isso é uma armadilha considerando que, para um Estado neoliberal, é interessante que a população empobrecida e a população negra consumam muito, ainda que contraindo muitas dívidas. Mas a discussão é mais complexa do que isso, e histórica, como vimos. Lélia Gonzalez (1984, p. 229; 233) escreve o seguinte:

> Vejamos o que nos dizem outros textos a respeito de mucama, June E. Hahner, em 'A Mulher no Brasil' (1978) assim se expressa: '... a escrava de cor criou para a mulher branca das casas grandes e das menores, condições de vida amena, fácil e da maior parte das vezes ociosa. Cozinhava, lavava, passava a ferro, esfregava de joelhos o chão das salas e dos quartos, cuidava dos filhos da senhora e satisfazia as exigências do senhor. Tinha seus próprios filhos, o dever e a fatal solidariedade de amparar seu companheiro, de sofrer com os outros escravos da senzala e do eito e de submeter-se aos castigos corporais que lhes eram, pessoalmente, destinados. [...] O amor para a *escrava* [...] tinha aspectos de verdadeiro pesadelo. As incursões desaforadas e aviltantes do senhor, filhos e parentes pelas senzalas, a desfaçatez dos padres a quem as Ordenações Filipinas, com seus castigos pecuniários e degredo para a África, não intimidavam nem os fazia desistir dos concubinatos e mancebias com as *escravas*. (p. 120 e 121)'. [...] Deu pra sacar? A gente se explica: os programas radiofônicos ditos populares são useiros e vezeiros na arte de ridicularizar a crioula que defende seu crioulo das investidas policiais (ela sabe o que vai acontecer a ele, né)?

Esses são relatos produzidos antes mesmo da interseccionalidade ser nomeada como um conceito, mas demonstram, de qualquer maneira, que não dá para entender trabalho doméstico e desigualdades pensando apenas na categoria de gênero, que é um demarcador de diferenças na sociedade. Afinal, ainda são as mulheres as principais responsáveis pelo trabalho do cuidado da casa e dos filhos. No entanto, raça, como dispositivo de poder, faz com que haja uma irmandade das mulheres negras com os homens negros, pela opressão racial que os une. Irmandade que não seria pensada em uma perspectiva de gênero como categoria isolada.

Quando falamos no trabalho doméstico remunerado (adicionar o adjetivo remunerado é importante, pois evidencia que há significativa parte do trabalho doméstico de mulheres que não é computado, que é invisibilizado na dinâmica capitalista, e isso as teóricas feministas brancas fizeram um reconhecido esforço para enfatizar), a interseccionalidade também é uma chave importante, como nos lembra a Mariana Mazzini Marcondes (2019, p. 12) em sua tese de doutorado, em que articula interseccionalidade e cuidado como matrizes teóricas para discutir as políticas do cuidado no contexto da Administração Pública.

Como argumenta Carla Akotirene (2020, p. 22-23), "o projeto feminista negro, desde sua fundação, trabalha o marcador racial para superar estereótipos de gênero, privilégios de classe e cisheteronormatividades articuladas em nível global. Indistintamente, seus movimentos vão, desde onde estejam as populações de cor acidentadas pela modernidade colonialista até a encruzilhada, buscar alimento analítico para fome histórica de justiça". Akotirene trata a interseccionalidade como uma oferenda que simboliza a capacidade do feminismo negro de estabelecer pontes entre avenidas (metáfora proposta por Kimberlé Crenshaw) identitárias, no caso: o racismo, o cisheteropatriarcado e o capitalismo. Carla Akotirene contribui para que pensemos a interseccionalidade para além de uma ferramenta que superficialmente coloca a mulher negra em posição única e sem agência.

Embora a interseccionalidade como caminho analítico nos ajude a entender por que as mulheres negras se encontram nas posições mais precárias na sociedade, é preciso lembrar, como nos presenteia Akotirene (2020, p. 24-25), que "é da mulher negra o [próprio] coração do conceito de interseccionalidade". Ela argumenta que:

> [...] costumam usar a interseccionalidade como correspondente às minorias políticas ou à diversidade, chegando mesmo a questionar a agência da mulher negra, como se encruzilhada fosse tão somente o lugar da decisão da vítima: levantar-se ou continuar caída? Sentir ou não as

feridas da colonização [...] O pensamento feminista se deu mediante a construção a ferro e águas atlânticas, e a interseccionalidade veio até nós como ferramenta ancestral. Não por acaso, Sojourner Truth, nascida acorrentada ao escravismo, vendida em leilão aos nove anos de idade, junto ao gado, tornou-se pioneira do feminismo negro. Em discurso de improviso *Eu não sou uma mulher*, proferido em 1851, durante a Convenção dos Direitos das Mulheres de Ohio, em Akron, ela denunciou que 'ninguém nunca me ajudou a subir nas carruagens, nem pular poças de lama [...] eu tive treze filhos e vi a maioria ser vendida pra escravização'. Nestes fragmentos, a intelectual pioneiramente articula raça, classe e gênero, questionando a categoria mulher universal, mostrando que se a maternagem obrigatória revela um destino biológico para todas as mulheres, seria apropriado ressaltar que os filhos e as filhas das africanas eram vendidos escravizados".

A contribuição de Sojourner Trouth é também evidenciada por Angela Davis (2016, p. 73-74), ao narrar os movimentos das mulheres no contexto dessas convenções. A respeito disso, ela diz que:

[...] ao longo dos anos 1850, convenções locais e nacionais atraíram números crescentes de mulheres para a campanha por igualdade. Não era um fato incomum que Sojourner Truth comparecesse a esses encontros e, apesar da inevitável hostilidade, se levantasse e tomasse a palavra. Ao representar suas irmãs negras – tanto as *escravas* como as 'livres' –, ela transmitia um espírito de luta à campanha pelos direitos das mulheres. Essa foi a excepcional contribuição histórica de Sojourner Truth. E, caso as mulheres brancas tendessem a esquecer que as mulheres negras não eram menos mulheres do que elas, sua presença e seus discursos serviam como um lembrete constante.

São potentes as contribuições das brasileiras Lélia Gonzalez, Beatriz Nascimento e Sueli Carneiro para o pensamento acerca das articulações entre raça, gênero e classe. Lélia Gonzalez (1984) desenvolve o que chama de opressões de classe, raça e sexo considerando ser a primeira o princípio organizativo da nossa estrutura social. E raça e sexo, partes fundantes de estruturas que são apropriadas pelo capitalismo. Além disso, as articulações entre raça, classe, gênero e sexualidade são originadas nos movimentos das mulheres negras e no movimento das então chamadas mulheres de cor no contexto norte-americano na década de 1970 (MACHADO, 2019).

Bárbara Machado (2019, p. 282) afirma que "o coletivo de mulheres negras *Combahee River Colective*, em manifesto datado de 1977, já afirmava um compromisso de 'lutar contra a opressão racial, sexual, heterossexual e classista', tendo como tarefa 'o desenvolvimento de uma análise e uma prática integradas, baseadas no fato de que os maiores sistemas de opressão se encadeiam', configurando uma 'síntese dessas opressões [que] criam as condições de nossas vidas'". (La Colectiva del Rio Combahee, 1988, p. 172, [...]).

Além desse manifesto do coletivo de mulheres feministas negras estadunidenses, que atuou na década de 1970, e que simbolizava então que no contexto das lutas já as intersecções já eram pautadas, na década de 1980 Audre Lorde e bell hooks foram também pensadoras que bradavam contra um feminismo que só levasse em conta as desigualdades pautadas no sexo. Foi em 1989 que Kimberlé Crenshaw (1998; 2002, p. 171-188), teórica feminista negra estadunidense, cunhou e sistematizou o conceito de interseccionalidade como chave para a compreensão da formação das desigualdades que se articulam. O conceito se refere, segundo a autora, à articulação entre eixos de poder e de discriminação que, por meio de dinâmicas estruturais, oprimem e desempoderam. Entre os eixos destacados pela autora, estão o racismo, o patriarcado e as opressões de classe. Ao que podemos acrescentar o prefixo cis em heteropatriarcado (cisheteropatriarcado, uma vez que há opressão sobre pessoas trans que articulam desigualdades, ao se conceber a cisgeneridade como norma) e sexualidade.

Crenshaw (2002, p. 177) afirma que são vários os eixos que formam as avenidas que "estruturam terrenos sociais, econômicos e políticos". Embora seus escritos mais foquem nas intersecções entre raça e gênero, a ferramenta por ela cunhada e sistematizada deixa em aberto a possibilidade de que "dois, três ou quatro eixos" sejam interseccionados de modo complexo. Até porque ela afirma que não pretendeu propor uma "teoria totalizante da identidade" (CRENSHAW, 1991, p. 1.244). Uma vez que a ferramenta é constituída por Crenshay (2002, p. 177) a partir do feminismo negro, traz a localização que é potente do ponto de vista político de que as mulheres racializadas (e aqui cabe a observação de que ela fala das mulheres racializadas como negras, uma vez que mulheres brancas também são racializadas) acabam estando nos pontos de mais "fluxo de tráfego em todas as vias".

A autora (CRENSHAW, 2002, p. 171-188; 2004) considera a interseccionalidade uma ferramenta que deve alimentar políticas institucionais para a reconfiguração de categorias sociais, ao reconhecer a articulação entre os eixos de opressão. Nesse sentido, pode orientar ações de mudança social não desvinculadas dos efeitos mútuos entre cada categoria de diferença que é transformada em desigualdade. Kimberlé Crenshaw (1989) aplicou a ferramenta em sua análise a respeito de como o sistema jurídico norte-americano, ao não estabelecer uma lógica interseccionada entre raça e gênero, fazia com que as mulheres negras não tivessem seus direitos garantidos em contratações de trabalho, uma vez que se interpretava que atender à inclusão de homens negros e mulheres brancas já era suficiente.

Para a autora, a interseccionalidade foi uma ferramenta de base de proposta para o enfrentamento da violência doméstica e sexual contra as mulheres negras Crenshaw (1991). Nesse contexto, tratou a interseccionalidade como uma orientação teórica e metodológica, tipificando-a de três maneiras: (a) interseccionalidade estrutural, que se refere à maneira como as estruturas de opressão de raça e de gênero posicionam as mulheres negras como vítimas da violência; (b) interseccionalidade política, que se refere ao modo de engajamento dos movimentos políticos e sociais, evidenciando o quanto as políticas feministas e antirracistas, atuando de modo isolado, corroboraram para a negligência acerca da violência contra as mulheres negras; e c) interseccionalidade representativa, que se refere ao entendimento das construções culturais que envolvem as mulheres negras Crenshaw (1991).

Portanto, como se observa, foi o feminismo negro o responsável por essa ferramenta, que hoje inspira estudos e ações políticas que, no contexto público, foram traduzidas em políticas de transversalidade de raça, gênero e classe (MARCONDES, 2019, p. 12).

Houria Bouteldja, ativista franco-argelina, afirma que essa articulação é um saber compartilhado pela sociedade. Trata-se, segundo a autora, de um saber implícito, mas que é negado por quem interessa negá-lo. A autora propõe o que eu entendo como uma espécie de inversão na dimensão do necessário entendimento de que, se a interseccionalidade foi uma proposta de reconhecimento de intersecções de estruturas de opressão, é porque essas estruturas se valeram dessas mesmas intersecções enquanto tecnologia de poder. Ou seja, se enquanto ferramenta de resistência e de luta a categoria foi formulada e mobilizada, é porque aqueles que reforçam e mantêm as estruturas de poder em funcionamento já haviam entendido os mútuos reforços de cada categoria de opressão. Bouteldja (2016, p. 6) argumenta que "é necessário procurar os primeiros interseccionalistas dentre os colonizadores e os racistas. Certamente foram eles que primeiro adivinharam os usos que poderiam fazer das contradições observadas nas sociedades colonizadas. [...] É óbvio que eu não confundo a interseccionalidade em seu uso repressivo (que chamarei de negativo) com a interseccionalidade em seu uso emancipador (que chamarei de positivo), mas é importante manter essa distinção em mente, uma vez que aqueles que lucram dessas divisões ainda hoje mantêm sua ação e é evidente que eles saberão fazer uso inteligente da interseccionalidade positiva".

Se eles vão fazer uso da interseccionalidade positiva, a oferenda analítica das teóricas feministas negras, parafraseando Akotirene, torna mais importante ainda que fortaleçamos, inclusive pensando no contexto brasileiro, o reconhecimento dos caminhos aqui trilhados sobre a interseccionalidade, de maneira que a perspectiva afro-brasileira seja reconhecida como projeto de superação das desigualdades já proposto há anos. É fincando os pés nas nossas raízes que podemos estabelecer elos para fazer frente aos inúmeros desafios que as estruturas nos colocam.

Angela Davis (2016), filósofa e ativista negra, uma das intelectuais clássicas que nos brindou com a obra publicada no Brasil com o título *Mulheres, raça e classe*, uma tradução do original de 1981, reconheceu em visita ao Brasil em 2017 sua posição privilegiada como norte-americana nas discussões do feminismo negro ao redor do mundo. A intelectual ressaltou o ponto de aprendizado que representam as mulheres negras brasileiras, citando nominalmente: as mulheres de terreiro; as mulheres que mantêm as tradições do samba; as trabalhadoras domésticas organizadas (que aqui faço questão de repetidamente reverenciar), Carolina Maria de Jesus, autora do livro *Quarto de Despejo: diário de uma favelada*; e Lélia Gonzalez. Como citou Davis, Gonzalez foi "pioneira nas conexões entre raça, classe e gênero quando pouco se falava nisso. 'Ela já falava sobre os elos entre negros e indígenas na luta por direitos. Essa é uma das lições que os EUA podem aprender com o feminismo negro daqui'". (ALVES, 2017)

São as rupturas com o conhecimento autorizado que Grada Kilomba discute e que, na academia, por se envolver com as relações entre saber e poder, evidenciam marcas de exclusão. Um exemplo disso é a escassez do reconhecimento de referenciais negros como pontes de construção do conhecimento científico. Inclusive, sendo interseccionalidade uma oferenda analítica de pensadoras feministas negras, trata-se de uma ruptura necessária com a história de hegemonia dos feminismos brancos. Trata-se de oportunizar, também, o próprio processo em que as lutas de mulheres negras, indígenas e/ou de povos originários historicamente empreenderam antes que se cunhasse um movimento como feminista dentro de uma geopolítica racista.

Como discute bell hooks (2018, p. 58-59):

"[...] uma vez que as primeiras pessoas no planeta Terra não eram brancas, é improvável que as brancas tenham sido as primeiras mulheres a se rebelarem contra a dominação masculina. Em culturas ocidentais patriarcais capitalistas de supremacia branca, o pensamento neocolonial determina o tom de várias práticas culturais. [...] Mulheres brancas com privilégio de classe rapidamente se declararam 'proprietárias' do movimento, colocando as mulheres brancas da classe trabalhadora, as brancas pobres e todas as mulheres não brancas na posição de seguidoras. [...] Inicialmente, quando líderes feministas nos Estados Unidos proclamaram a necessidade de igualdade de gênero, não esperavam descobrir se movimentos correspondentes estavam acontecendo entre mulheres de todo o mundo. Em vez disso, declararam-se libertas e, portanto, na posição de libertar as irmãs que tinham menos sorte, principalmente aquelas no 'terceiro mundo'. [...] Não é de se estranhar que o 'feminismo de poder' dos anos 1990 oferecesse as ricas mulheres brancas heterossexuais como exemplos de sucesso feminista."

Feminismos negros, interseccionais, decoloniais, indígenas, e os que rompem com uma lógica cisheteropatriarcal são feminismos que guardam aquilo que as discussões sobre desigualdades de gênero evidenciam como importantes, mas o fazem trazendo reparações históricas desses apagamentos de lógica ainda patriarcalista, que reproduz as dinâmicas colonialistas de poder. O trabalho doméstico no Brasil não pode ser compreendido a partir de uma visão que reforça esses padrões. Como ressaltam Luana Pinheiro e outras autoras, em texto para discussão sobre trabalho doméstico do IPEA, publicado em 2019, o slogan "o lugar da mulher é onde ela quiser" é acompanhado pelas barreiras do racismo estrutural. Os limites impostos às trabalhadoras domésticas, segundo as autoras, são limites que envolvem tanto um bloqueio à participação em determinados espaços, como também o bloqueio à própria saída de onde estão.

Sob a perspectiva do feminismo decolonial, María Lugones (2014, p. 935-952) traz uma discussão de gênero para seu debate sobre colonialidade de modo interseccionado com raça e sexualidade, contribuindo para a superação desse mito do sucesso da mulher rica, branca e heterossexual discutido por bell hooks. A feminista negra brasileira Lélia Gonzalez (1984), por sua vez, ao articular racismo com sexismo, nos permite dialogar com essa consideração de Luana Pinheiro e outras autoras sobre a dificuldade de saída das trabalhadoras domésticas dos lugares em que estão. Gonzalez trata o racismo como uma neurose cultural que, articulada com o sexismo, traz para as mulheres negras a emergência de perspectivas como o que chama de noções da mulata, da doméstica e da mãe preta, que ela considera que estejam articuladas.

E, pensando aqui na associação disso com o trabalho doméstico, podemos perceber como as trabalhadoras domésticas negras trazem vivências em que essas noções aparecem em algum momento de suas vidas, seja na reafirmação delas, seja em sua ausência. Se ela rompe com um ideário de fidelidade à família empregadora, ela se afasta do ideal da mãe preta (pois deveria ser dócil). Se ela rompe com o padrão corpóreo ligado à hipersexualização da mulher negra, ela perde sua condição de mulata como objeto de consumo. E, como são diferentes e diversas, a neurose racista da sociedade brasileira a que se refere nossa Gonzalez procura nessas mulheres o tempo todo o encaixe a algumas dessas três noções. São como radares dispostos a comprovar a dimensão narcisística de seu racismo, para que mais confortáveis fiquem com as supostas evidências que ligam a diferença racial às justificativas de desigualdades.

Um exemplo de como as categorias de raça, classe e gênero se articulam é a manifestação de humor publicada na Internet em 2003, e que se liga inclusive aos sentidos sociais sobre as trabalhadoras domésticas.

Em um *blog* que criava ficcionalmente uma revista intitulada *Maria Creuza*, um exemplo, inclusive, do racismo recreativo discutido por Adilson Moreira (2020), mostrava-se a imagem de uma mulher negra com traços fenotípicos negroides enfatizados.

O nome atribuído à trabalhadora traz um estereótipo relacionado à inferioridade intelectual das pessoas empobrecidas, que, inclusive, grafariam errado nomes como Cleusa (que falta faz compreender o pretuguês que Lélia Gonzalez (1988) discute, não é? E que nos permite entender que esses erres no lugar de ele são marcas do idioma africano em nosso português, portanto considerá-los como marca de inferioridade intelectual é reproduzir racismo e colonialidade de saber que intitula que a norma culta é o jeito certo de falar/escrever).

A ideia de inferioridade intelectual volta a aparecer nas chamadas da capa da revista fictícia, como por exemplo: "Cabelos: o alisamento a ferro de passar funciona?", que constrói a imagem da empregada como ignorante e o alisamento de cabelo como obrigatório.

O sentido de ameaça à integridade física das famílias está presente na chamada "Vingança: eu limpei a bunda no pano de prato da patroa". Além disso, a figura traz implicitamente a tradicional ideia de que as trabalhadoras não são confiáveis e não gostam de trabalhar, precisando, por esse motivo, ser vigiadas.

Nesse contexto de relações entre diversas categorias de poder, a interseccionalidade entre raça, gênero e classe é uma ferramenta utilizada por Joaze Bernardino-Costa (2015, p. 147-163) para a compreensão das desigualdades sociais estruturais que incidem sobre as trabalhadoras domésticas. O autor ressalta como raça e trabalho se conjugaram na formação do capitalismo moderno e constituíram uma divisão racializada do trabalho. Para o autor, o padrão de colonialidade de poder tem início no contexto escravocrata, uma vez que a formação econômica do país teve como base a servidão.

Embora a interseccionalidade seja o avesso do pensamento que separa as categorias em determinadas caixinhas, buscarei, nas próximas seções, trabalhar essas intersecções de modo organizado em três partes. Embora essas separações ocorram do ponto de vista didático, as inter-relações entre essas categorias são pontos constantes de argumentação.

GÊNERO INTERSECCIONADO A RAÇA E CLASSE

"Quando se diz que o português inventou a mulata, isso nos remete exatamente ao fato de ele ter instituído a raça negra como objeto; e mulata é crioula, ou seja, negra nascida no Brasil, não importando as construções baseadas nos diferentes tons de pele. Isso aí tem mais a ver com as explicações do saber constituído do que com o conhecimento", argumenta Lélia Gonzalez.

Por que uso essa declaração de Gonzalez numa seção que tem como objetivo discutir gênero interseccionado a raça e classe? Novamente, para reafirmar que o conceito de gênero como aplicado nos estudos sob perspectivas hegemônicas do feminismo precisa ter essa aplicação repensada ao intersecionarmos com raça e classe. Se falamos de trabalhadoras domésticas, já falamos de uma história de antecessoras escravizadas, como já dito, e, portanto, de mulheres negras em diáspora. É sobre relações entre saber e poder que fala Gonzalez no trecho anterior, quando diz que falamos mais das "explicações do saber constituído" do que do "conhecimento".

É um costume no Brasil, no contexto acadêmico, que a definição de gênero de Joan Scott, historiadora norte-americana, em publicação de 1986 que se tornou polêmica à época, seja cobrada enquanto leitura clássica do conceito (no Brasil, o texto foi publicado em 1995 na revista *Educação e Realidade*). Eu mesma já cobrei em diversas bancas a menção. Joan Scott parte de uma base pós-estruturalista de discussão – centrada numa filosofia baseada na diferença e na desconstrução de polos opostos e binários como significativa base de nossos estudos (no abandono da ideia, por exemplo, de que homem e mulher sejam opostos, e que exista uma essência masculina e uma essência feminina). Você já deve ter ouvido ou mesmo falado que todo homem é... toda mulher é... alguma coisa, certo? Então, trata-se de negar que exista uma essência masculina e uma essência feminina em si. Há várias formas de ser mulher, há várias formas de ser homem. Há características atribuídas às identidades masculinas nas mulheres, e vice-versa. Esse modo de pensar e de construir conhecimento tem como embasamento a filosofia da diferença de pensadores como Derrida, Deleuze e o próprio Foucault.

Scott define gênero como sendo "um elemento constitutivo de relações sociais fundadas sobre as diferenças percebidas entre os sexos, e o gênero é uma forma primária de dar significado às relações de poder" (Scott, 1995, p. 86). O conceito nos ajuda a desnaturalizar aquilo que a gente entende como essência da mulher, essência do homem e que, por meio de estruturas de poder na sociedade, colocaram os homens em condição de privilégio em vários aspectos. E colocaram as mulheres em condição de violências e vulnerabilidades múltiplas.

Falar sobre gênero pode ser falar sobre a construção social do masculino e do feminino ou, mais precisamente, sobre a construção de identidades – masculinidades e feminilidades (DINIZ, p. 277-319). Judith Butler (2003; 2004), outra pensadora relevante para os estudos de gênero, trata o gênero como dispositivo de poder que produz identidades. Fala do gênero como performance (como algo que se faz, não algo que se é), como algo que é produzido a partir da repetição de normas que ligam os *sujeitos* a identidades (performatividade). E aí transcende a discussão para além de pensar o gênero como dispositivo de poder que constrói uma matriz binária, tratando-o como uma ferramenta que pode colocar em suspensão várias outras construções.

Guacira Louro publicou em 1995 um texto em que pontua a larga utilização do conceito de Scott no Brasil. Reconhecendo a ligação do conceito com a noção de construção social das distinções pautadas no sexo das pessoas, Louro fala da consolidação do conceito, num movimento que conferiu densidade e avanço ao debate comparativamente aos primeiros estágios da luta feminista baseada em denúncias e relatos das opressões vivenciadas pelas mulheres. Louro, apesar de centrar neste momento sua escrita muito mais para implicações no campo teórico, argumenta que "repetimos Scott porque ela parece indicar uma via interessante ou importante, mas não refletimos sobre as implicações que o uso de seu instrumental pode acarretar [...]".

Eu acrescento, por outro caminho, que sua repetição não é um problema aqui para esta discussão pelos mesmos motivos que os de Louro. Mas porque automatiza uma replicação que desconsidera que, em que pese que Scott (1995, p. 73) tenha mencionado nesse texto em que formula sua definição de gênero o que chama de "litania 'classe, raça e gênero'", passa rapidamente por essa tríade. E aí negligência construções já elaboradas (a própria Lélia Gonzalez, em 1982, sem pretender nomear gênero, publica o texto "A mulher negra na sociedade brasileira").

Scott (1995, p. 73) afirma não perceber "clareza ou coerência" na "categoria de raça ou para a de gênero" como havia para a categoria de classe, em função de seu fundamento em Marx e no marxismo. Embora reconheça a existência de pesquisadoras e pesquisadores engajados em uma luta mais ampla contra opressões, reivindicando que as "desigualdades de poder estão organizadas ao longo de, no mínimo, três eixos [classe, raça e gênero]", a autora ignora as formulações dessas outras bases e afirma em relação à sua formulação do conceito de gênero: "o esboço que eu propus do processo de construção das relações de gênero poderia ser utilizado para examinar a classe, a raça, a etnicidade ou qualquer processo social. Meu propósito foi clarificar e especificar como se deve pensar o efeito do gênero nas relações sociais e institucionais. [...] o gênero é uma forma primária de dar significação às relações de poder. Seria melhor dizer: o gênero é um campo primário no interior do qual, ou por meio do qual, o poder é articulado. O gênero não é o único campo, mas ele parece ter sido uma forma persistente e recorrente de possibilitar a significação do poder no ocidente [...]" Scott (1995, p. 88).

Embora presunçosas e silenciadoras, essas argumentações caíram no gosto dos estudos do campo do feminismo. Oyèrónké Oyěwùmí, professora e pesquisadora feminista nigeriana, que pensa o que chama de política do conhecimento feminista, propõe uma articulação entre o conceito de gênero e o campo da crítica africana. A autora reconhece gênero como uma construção sociocultural, mas indaga sobre quais outras opressões o conceito de gênero ajuda a expor ou a ocultar.

Oyěwùmí enfatiza a contribuição das teóricas afroamericanas na ideia de inseparabilidade de gênero com raça e classe (ao que sempre devemos acrescentar a contribuição de nossas intelectuais negras brasileiras). E destaca a contribuição de teóricas de outros contextos para a chamada de atenção à inseparabilidade de gênero da discussão sobre imperialismo, colonialismo, e outras dinâmicas que afetam cada contexto. Ao propor uma articulação de gênero com a crítica africana, a autora chama a atenção para a relação que existe entre o conceito de gênero e sua base numa perspectiva eurocêntrica do que chama de família nuclear. Para ela, os conceitos de mulher, de gênero e de sororidade foram construídos de modo dependente desse conceito de família, e de uma maternidade ligada a uma relação sexualizada com o pai da criança.

A perspectiva africana tem a ensinar, nesse sentido, que "a maternidade é definida como uma relação de descendência, não como uma relação sexual com um homem" (OYĚWÙMÍ, 2002, p.5). A maternidade como possibilidade de manutenção ancestral! Ou seja, Oyěwùmí demonstra que, mesmo sendo algo que o discurso feminista hegemônico quer combater, suas bases acabam partindo da construção da mulher como uma figura ligada ao masculino, numa perspectiva que acaba universalizando o eurocentrismo e o americanismo. Partindo do exemplo das famílias Iorubás não generificadas do sudoeste da Nigéria, a autora demonstra como o binarismo não faz parte da gênese da estrutura social familiar daquele contexto, e como as categorias africanas são fluidas nesse aspecto (OYĚWÙMÍ, 2002).

Indo para o campo prático da pesquisa, para pensarmos um exemplo, nos bastidores das minhas pesquisas sobre trabalho doméstico na região metropolitana de Belo Horizonte, onde entrevistei 50 trabalhadoras, me marcou a entrevista de Maria,[6] uma diarista de então 43 anos, natural do interior do Estado. Maria começou a exercer a atividade aos 14 anos. Ainda assim, nunca havia tido uma contribuição previdenciária em seu nome. Maria me contou gostar de trabalhar na atividade: "eu gosto de í lá e fazê e vê as pessoa limpinha e arrumadinha, né" [risos]. Maria trabalhava em repúblicas estudantis. Quando fui à sua casa, ela estava com uma barriga enorme, grávida. Era uma gravidez de risco. Apesar disso, seguia fazendo as faxinas diárias sem qualquer proteção trabalhista.

Pesam sobre a vida dessa mulher pertencimentos raciais, uma vez que ela é negra (e assim se lê) e pobre. Gênero, naquele momento, como uma das categorias demarcadoras de desigualdades, é uma chave analítica importante para a compreensão da vivência corporificada dessa mulher e de tantas outras na atividade. Ainda que a ligação das mulheres

---

6. Cida é seu nome fictício.

à atividade reprodutiva tenha sido historicamente utilizada como argumento para justificar a divisão sexual do trabalho, e a desigualdade entre homens e mulheres no campo do trabalho, não houve contrapartidas efetivas de políticas públicas efetivas de proteção a elas seja no momento da gravidez, seja no cotidiano de cuidado aos filhos. Maria tinha mais um filho além do que gestava.

Quando questionei Maria sobre a perspectiva que ela tinha a respeito da PEC das Domésticas, ela respondeu: "ah, um poco vai sê bom pra elas, né. Com certeza, mas um pouco também vai ser mais sacrificado porque vai ser tipo uma firma, eu acho. Vai tê que cumprir horário. É igual eu te falei no meu caso... Não cumprir os horários tá bom pra mim. Porque eu acabei eu posso ir embora. Eu tenho mais tempo pra fazê minhas coisa. E se eu tivé fichada eu vô tê que cumprir a regra. O dia que eu não pudé trabalhá, eu ligo e marco pra outro dia. Aí se eu tivé fixada eu tenho que dá um jeito, eu tenho que... né? Mas, assim, ah hoje eu tenho que ir no médico, é mais fácil pra você faltá".

Essas falas de Maria estão contextualizadas no fato de que ela precisava cuidar do filho. A maior autonomia em termos de horários é um dos motivos pelos quais trabalhadoras migram cada vez mais para a atividade de diaristas. E gênero tem relação direta com esse aspecto ao compreendermos essa maior responsabilização delas pelas atividades do cuidado, o que é uma condicionante estrutural que as coloca em posições mais vulneráveis diante do contexto do trabalho. Há uma ausência de amparo do Estado, tanto no que se refere à economia do cuidado, como também na individualização, neste caso, das questões de saúde. Se mulheres priorizam trabalhos informais para poder se cuidar, ou lidar com imprevistos de saúde, um Estado omisso em relação às desigualdades de gênero as coloca ainda mais nessa dinâmica da individualização da solução. Partindo de uma perspectiva da maternidade como ligada mais à ancestralidade do que a uma dimensão de relação binária entre homens e mulheres, como propõe Oyěwùmí, percebemos como as mulheres brasileiras têm sido as principais responsáveis por essa continuidade de suas gerações.

A extensão da prática da maternagem, que podemos inclusive interligar à perspectiva de gênero como performance, como nos propôs Judith Butler, segue ocorrendo no contexto do trabalho, por meio de relações de afeto desenvolvidas na atividade do cuidado que lhes é inerente. Essa tarefa do cuidado é muitas vezes desempenhada de modo solitário. Foi recorrente na trajetória das 50 trabalhadoras domésticas que entrevistei uma narrativa de trabalho doméstico iniciada quando ainda eram crianças ou adolescentes, e cujo encontro com um homem, e o casamento, formal ou informal, representou esperança de menos dependência daquele trabalho, ou de menor vulnerabilidade. No entanto, muitas delas viram essa esperança de estabilidade propiciada pela relação tornar-se a continuidade ou o reforço do sofrimento com inúmeras violências. Foram recorrentes os relatos de mulheres que tiveram suas vivências atravessadas por relações abusivas, restrições de liberdade, impedimento de busca por educação escolar por parte de seus companheiros, e violências sexuais.

Gênero interseccionado com classe leva também a uma tônica forte de ligação dessas mulheres ao trabalho doméstico como destino compulsório dessa solução praticada historicamente em muitas periferias brasileiras de entrega das filhas a outras famílias mais abastadas, em cujas casas elas "ajudariam" nos serviços domésticos em troca de alimentação e moradia, sem seguir na educação escolar. Mesmo em trajetórias em que não houve essa "entrega", para além das vulnerabilidades de maior ligação com o cuidado doméstico não remunerado a desigualdade estrutural de classe leva essas mulheres ao trabalho doméstico como possibilidade – ligada ao que se entende socialmente como trabalho para o qual as mulheres possuem habilidades supostamente naturais – e a um afastamento do ambiente escolar. Além das dimensões estruturais de classe, é comum a ausência de apoio de seus companheiros para que elas retomem estudos, num contexto de naturalização da renúncia feminina a oportunidades de ascensão.

As negociações nas relações intragênero fazem parte das vivências dessas trabalhadoras. Elisa,[7] uma mulher que tem o trabalho doméstico como parte de sua vida desde os 11 anos (inicialmente apenas em troca de alimentação e moradia, sem remuneração), e Antônia[8] relataram tanto situações de conflito direto com as empregadoras permeadas por estratégias de enfrentamento, quanto situações em que as empregadoras foram as mediadoras de conflitos estabelecidos com os empregadores homens. "Até briguei com a patroa por causa disso. E saí de lá por causa disso, assim porque ela falou, ela falou pra mim um dia, tem hora pra entrá mas pra sair não tem. Nós como entramo numa discussão porque eu falei, olha tem que tê uma hora pra sair. Porque como eu deixo minhas criança em casa, às vezes sozinha... [...] Ela falou isso comigo, ah horá... Aqui é assim, horário... Tem horário pra entrá... Pra sair não tem", relatou Elisa. Já Antônia discutiu com o patrão porque ele gritou com ela, o desrespeito a fez pedir demissão, mas a mulher do homem lhe pediu para ficar. "Ficou resolvido, mas assim, eu deixei bem claro que se gritar comigo de novo, eu vou pegar minhas coisas e vou embora."

---

7. Eliana Geralda, 14.
8. Roseli.

As tensões e os conflitos entre trabalhadoras e empregadoras são marcas em que gênero como categoria estruturante de desigualdade é uma categoria importante, mas intercruzada com classe e, mais especificamente, com raça. Se voltarmos ao período escravocrata, encontraremos relatos de conflitos estabelecidos a partir de lugares desiguais das patroas em relação às suas trabalhadoras. Várias dessas dinâmicas permanecem, embora em novos contextos.

Nos relatos a seguir, duas citações demonstram essa continuidade. Freyre (2003), a respeito do período escravocrata, escreveu: "não são dois nem três, porém muitos os casos de crueldade de senhoras de engenho Sinhá-moças que mandavam arrancar os olhos de mucamas bonitas e trazê-los à presença do marido, à hora da sobremesa [...]. Baronesas já de idade que por ciúme ou despeito mandavam vender mulatinhas de quinze anos a velhos libertinos. Outras que espatifavam a salto de botina dentaduras de *escravas*; ou mandavam-lhes cortar os peitos, arrancar as unhas, queimar a cara ou as orelhas. [...] O motivo, quase sempre, o ciúme do marido. O rancor sexual. A rivalidade de mulher com mulher".

O discurso de uma patroa, publicado em 2009 em comunidade virtual do Orkut sobre empregadas domésticas trazia o seguinte: "no dia da folga, [as empregadas] se aproveitam para se vingar porque não deixamos elas colocarem qualquer roupa para trabalhar e saem com uma saia que dá para ver até o útero, molham os cabelos, colocam óculos escuros e fazem questão de passar na frente dos nossos maridos como se dissessem: tá vendo o que vc tá perdendo? (se é que eles estão perdendo, mesmo, né? nunca se sabe!)" Publicação anônima na comunidade do Orkut Vítimas de Empregada Doméstica em 2009 (TEIXEIRA, 2013).

Embora os contextos das falas sejam diferentes, a personagem da trabalhadora doméstica como uma ameaça à construção do ideal de família burguesa permanece, ainda que ela seja parte intrínseca desse ideal. Essa ameaça guarda relações com as construções sociais das escravas domésticas e de sua ligação com a servidão sexual, além de imagens estereotipadas de amoralidade da população negra desde o período colonialista, o que interfere diretamente no relacionamento desigualmente construído entre mulheres empregadoras e mulheres domésticas.

Ambas vivenciaram e vivenciam os efeitos de gênero como dispositivo de poder de maneiras distintas. Os efeitos psíquicos do machismo como organizador social sobre a construção de relações rivalizadas entre mulheres é interseccionado por raça e classe como dispositivo de poder. E isso envolveu para algumas o gozo pela vingança ao marido e, para as outras, o efeito das torturas e violências extremas sobre o próprio corpo. Tais aspectos colocam a interseccionalidade como ferramenta potente de elucidação acerca das relações do trabalho doméstico.

Esse cenário aumenta a precariedade emocional e psíquica do exercício do trabalho doméstico. Além disso, envolve uma dimensão de construção de relações naturalizadas de infidelidade dos maridos, no sentido de que nossa sociedade naturaliza o descontrole das pulsões sexuais dos homens atribuindo ideologicamente esse comportamento a dimensões biológicas hormonais. A incorporação pelas mulheres brancas desses padrões, dos quais elas mesmas são vítimas a partir da convivência com uma série de violências nos casamentos, faz com que estruturas múltiplas de violências sejam tecidas. Ainda, há uma continuidade da objetificação sexual das mulheres negras advindas do período escravocrata, quando elas eram consideradas servas sexuais. A visita ao quartinho da empregada se torna um discurso de racismo recreativo (MOREIRA, 2020), o que podemos exemplificar a partir de músicas populares brasileiras sobre empregadas domésticas (TEIXEIRA, 2014).

Essa objetificação e hipersexualização da mulher negra guarda relações com a história de nosso país, como a filósofa e antropóloga brasileira Lélia

Gonzalez (1984, p. 234) nos ajuda a compreender, ao interseccionar racismo e sexismo. Ela diz:

> "não faz muito tempo que a gente estava conversando com outras mulheres, num papo sobre a situação da mulher no Brasil. Foi aí que uma delas contou uma história muito reveladora, que complementa o que a gente já sabe sobre a vida sexual da rapaziada branca até não faz muito: iniciação e prática com as crioulas. Quando chegava na hora do casamento com a pura, frágil e inocente virgem branca, na hora da tal noite de núpcias, a rapaziada simplesmente brochava. Já imaginaram o vexame? E onde é que estava o remédio providencial que permitia a consumação das bodas? Bastava o nubente cheirar uma roupa de crioula que tivesse sido usada, para 'logo apresentar os documentos'. E a gente ficou pensando nessa prática, tão comum nos intramuros da casa grande, da utilização desse santo remédio chamado catinga de crioula (depois deslocado par ao cheiro de corpo ou simplesmente cc). E fica fácil entender quando xingam a gente de negra suja, né?"

Gonzalez (2018) mostra como o sexismo colocou as mulheres brancas em condição de submissão ao poder patriarcal, e colocou as mulheres negras escravizadas num status nem de mulheres, mas de "objeto de prazer do homem branco", numa posição em que "a mulata brasileira, 'prova' da suposta interação sexual saudável entre as raças, recebe um tratamento degradante, sujo e desrespeitoso", como argumentamos Juliana Schneider e eu no capítulo do livro *Janelas da Pandemia* publicado em 2020.

Atualmente, nos casos de assédio sexual, a maioria das trabalhadoras domésticas relata conseguir se desvencilhar e impor um limite. No entanto, além dessa ser uma estratégia individualizada, que deveria ser coletivamente mais bem respaldada, muitas delas optam por pedir demissão. Nos casos de racismo, as denúncias formais tendem a não acontecer e nem sempre há um enfrentamento imediato.

Todos esses tensionamentos são explicitamente marcados por gênero, uma vez que esse confinamento ao ambiente privado das relações, que corroboram para essa individualização das soluções de enfrentamento, é muito mais marcante na trajetória das mulheres, se compararmos aos homens na atividade. Eles não só vivenciam maiores possibilidades de mobilidade social para outras ocupações, como também ocupam lugares distintos no próprio trabalho doméstico, embora não sejam isentos do enfrentamento de violências estruturais.

Luana Pinheiro (2020, p. 17-18), economista e doutora em sociologia pela Universidade de Brasília, nos informa que:

"das ocupações exercidas por trabalhadoras domésticas, portanto, praticamente 100% se concentram entre serviços internos do ambiente doméstico, sejam estas mulheres brancas ou negras. [...] Já entre os homens, ainda que a maior parte também se identifique como trabalhadores dos serviços domésticos em geral (58%), eles estão mais presentes em atividades externas, como cuidado com hortas, viveiros, jardins e a condução de automóveis. Para eles, as atividades realizadas na parte externa do domicílio respondem por pouco mais de um terço dos empregos domésticos. Nesse sentido, mesmo quando se trata de considerar apenas as atividades domésticas, é possível perceber a existência de uma divisão sexual do trabalho que, em alguma medida, ainda separa homens e mulheres segundo a clássica divisão do mundo público (deles) e do mundo privado (delas)."

Em relação à influência de gênero e raça, entendidos como dois dispositivos circunscritos ao dispositivo trabalho doméstico, podemos dizer que o gênero se liga a características relacionadas a construções sociais que disciplinam os corpos femininos para a prática cotidiana de atividades historicamente associadas às mulheres, como o cuidado da casa, dos filhos e dos maridos.

Além disso, as experiências de sofrimento são historicamente vivenciadas por mulheres, em uma sociedade que as pensou de modo inferior ao homem, por isso vulneráveis a violências de várias ordens. Suas vivências como mães estão associadas por gênero à necessidade de empreender artes de viver e de cuidar para uma sobrevivência muito relacionada à ausência de uma paternidade que se associe à sua maternidade.

Um exemplo de uma mulher cuja vida foi atravessada por essas vulnerabilidades de gênero é Eva. Antes de ser trabalhadora doméstica, Eva trabalhava fazendo a limpeza em uma pensão que era também sua morada. Lá, foi estuprada pelo patrão durante um episódio de desmaio por conta de um problema de saúde que tinha: "Aí que eu... fui abusada e... e tal e nesse abuso eu tive... eu fiquei grávida. Eu vi que eu tava toda machucada, eu fui no médico. Eu acordei, vi que eu não tava bem, eu... toda suja, esquisita... fui no médico. Aí o médico falô: "não, cê foi... violentada e eu num... [pausa]". E já tava morando lá na pensão do senhor, né. Depois eu descobri, em um exame de DNA, quando a gente teve que ir pra polícia porque eu decidi que num ia ficá mais na pensão e.... e saí sem falá nada com ele. Aí ele me denunciou pra polícia.... falou que eu tinha roubado as coisa lá na pensão". Eva contou-me ainda que o estuprador saiu impune, mesmo havendo no local outras mulheres que também eram abusadas e engravidavam dele: "todas vinha do interior", ela relata.

Ao sair da pensão, encontrou um homem que lhe ofereceu acolhimento. Segundo Eva, este homem "arrumou advogado... aí entrou Vara de Família também, que foi fazê o DNA da menina. E era ele... o dono da pensão quem tinha me estuprado... que é o pai da minha menina". Eva tornou-se trabalhadora doméstica e foi morar com seu acolhedor, que assumiu a filha que carregava no ventre, fruto do estupro. Com ele acabou se casando e tendo outras duas filhas. Mas o ciclo de violências não se encerrou. Anos depois, descobriu que seu então companheiro abusava sexualmente de sua primeira filha, e então se separou.

Eva diz: "eu já até fui à igreja pra poder saber por que que teve que acontecer comigo [o abuso sexual que ela e a filha sofreram]. Hoje eu num sigo religião não. Eu custumo falá que eu sigo a religião de Deus. Eu creio muito n'Ele, só Ele é o único sabe? Uhum. Salvador da nossa... é ele que pode tudo, e ele pode tudo mesmo. Então é... eu confio muito em Deus num... num ligo pra religião, coisa não. Mais... eu fui na igreja pra sabê porque... que luta. Por quê? O que... antes dele fazer isso com minha filha eu tava toda feliz".

Eva não tinha consciência de que a violência sexual que sofreu fazia parte de gênero como estruturante social de uma desigualdade. Além da busca dessa resposta num âmbito religioso, ela se culpava pelas violências sofridas. E para nos livrarmos dessas culpas que nos pesam, ligando-as ao entendimento de uma desigualdade estrutural, que falamos sobre a importância de discutir gênero.

RAÇA INTERSECCIONADA A GÊNERO E CLASSE

Lélia Gonzalez (1984, p. 230-231) dizia:

"Quanto à doméstica, ela nada mais é do que a mucama permitida, a da prestação de bens e serviços, ou seja, o burro de carga que carrega sua família e a dos outros nas costas. Daí, ela ser o lado oposto da exaltação; porque está no cotidiano. E é nesse cotidiano que podemos constatar que somos vistas como domésticas. Melhor exemplo disso são os casos de discriminação de mulheres negras da classe média, cada vez mais crescentes. Não adianta serem

> "educadas" ou estarem "bem-vestidos" (afinal, "boa aparência", como vemos nos anúncios de emprego é uma categoria "branca", unicamente atribuível a "brancas" ou "clarinhas"). Os porteiros dos edifícios obrigam-nos a entrar pela porta de serviço, obedecendo instruções dos síndicos brancos".

Ao falar da trabalhadora doméstica como a "mucama permitida", Lélia Gonzalez evidencia o que venho argumentando acerca da trabalhadora doméstica ter como antecessora a escravizada doméstica, uma vez que, se a escravização foi legalmente extinta, o que Gonzalez chama de neurose cultural brasileira, não. As trabalhadoras domésticas, ao longo dos anos, passaram por vários estágios de simbologia da "mucama permitida": é aquela que a branquitude pôde, com orgulho, ostentar, sem se desvencilhar do imaginário confinado às mulheres negras como seres inferiores (e supostamente sem pudores, aquelas que também, metaforicamente, entrariam em outras práticas e lugares que não somente o elevador de serviço: entrariam nos lugares onde seriam sexualmente objetificadas).

A neurose, para Gonzalez, é uma maneira cultural brasileira de se ocultar os sintomas do racismo e seus desdobramentos. Esse ocultamento está refletido na dificuldade, inclusive, de se nomear, até hoje, a trabalhadora doméstica como uma trabalhadora. "Ela é alguém que ajuda." "É uma secretária do lar." Convive-se com as negativas das marcas raciais que pesam sobre esse cotidiano em que, estruturalmente, a maior parte da população negra serve, enquanto a maior parte da população branca é a que se entende como detentora do saber a respeito do que se deve fazer. Eu acrescentaria que essa neurose cultural discutida por Lélia Gonzalez se liga, para o entendimento do trabalho doméstico, à nostalgia que a servidão das mulheres negras representou no contexto brasileiro. Um trecho da obra do problemático Gilberto Freyre (2003, p. 367) ilustra muito bem essa questão:

> "Da escrava ou sinhama que nos embalou, nos deu de mamar, nos deu de comer, ela própria amolengando na mão o bolão de comida. Da negra velha que nos contou as primeiras histórias de bicho e de mal-assombrado. Da mulata que nos tirou o primeiro bicho-de-pé de uma coceira tão boa. Da que nos iniciou no amor físico e nos transmitiu, ao ranger da cama-de-vento, a primeira sensação completa de homem."

Ao demonstrar essa nostalgia, Gilberto Freyre se inclui em um personagem coletivo utilizando a primeira pessoa do plural, como pertencente ao grupo daqueles que ocuparam socialmente os lugares de filhos dos senhores da relação escravocrata. Finca o pé nas estereotipias ligadas às mulheres negras, refletidas sobre o imaginário acerca das trabalhadoras domésticas: a cuidadora, a mãe preta, a contadora de histórias infantis e a iniciadora sexual. A escravização é romantizada, e sua naturalização é evidenciada. Não à toa os casos de assédio sexual sofrido pelas trabalhadoras não são raros no cotidiano.

Não há como falar de trabalho doméstico sem falar do cotidiano. É a partir desse convívio diário que evidenciamos práticas violentas (aparentemente banais) de segregação dentro dos espaços urbanos, como o elevador de serviço e o modo como se configura que é lá que as pessoas negras devem andar. Raça, nesse contexto, é um dispositivo acionado de maneira enraizada para justificar desigualdades e organizar as dinâmicas espaciais e territoriais, ainda que a neurose que Gonzalez discute tente esconder esse aspecto.

Por que isso ocorre? Porque raça é um conceito com seu valor biológico negado (não existem raças humanas do ponto de vista biológico e, portanto, não existe inferioridade entre uma raça e outra, como uma ciência colonialista disse existir, para validar a construção de um sistema racista de opressão). Mas, como dizia o teórico cultural e sociólogo britânico-jamaicano Stuart Hall (2013), a "definição biológica, fisiológica e genética de raça, convidada a se retirar pela porta da frente, tende a dar a volta e retornar pela janela". Enraizada nas subjetividades dos *sujeitos* de nossa sociedade, dão respaldo à construção de estereótipos. Hall argumenta que os estereótipos fixam determinadas características generalizáveis aos outros, reduzem e fixam a diferença contendo a ansiedade diante da figura daqueles que foram construídos como sendo o Outro – que é o caso da população negra e indígena numa sociedade que se estruturou a partir da negação desse suposto Outro.

E por isso que damos tanta importância ao conceito de raça. Preconceito e discriminação são fenômenos que reconhecemos em nossas vivências sociais motivadas por várias características de diferenças das pessoas. Mas raça, juntamente com gênero e classe, fazem parte da base da estruturação de nossa sociedade desigual. Por isso, é mais do que falar de preconceitos em relação a alguém ou outra pessoa.

O advogado e filósofo Silvio Almeida (2020) afirma que o racismo é uma estrutura sociopolítica e econômica da sociedade. É um conceito mais amplo e estruturante do que os conceitos de preconceito e discriminação. Preconceito é quando a gente tem alguma preconcepção em relação a alguém ou a algum grupo (como ver a mulher negra e achar que ela é cozinheira ou faxineira). Discriminação, por sua vez, é quando colocamos em prática um comportamento diferente em relação a alguém com base nessa preconcepção (como quando uma empresa deixa de contratar uma pessoa porque ela não tem cara de ser competente).

A questão é que, nesses processos que ocorrem em nosso cotidiano, são mobilizadas construções naturalizadas a respeito de determinados grupos. E isso ocorre de uma maneira estruturante em relação a raça, gênero, classe e sexualidade. Quando essas categorias se mobilizam, é para promover desnaturalizações, e propor, a partir delas, novas maneiras de organizar a sociedade, a economia, o mundo do trabalho. Tomamos raça, então, como uma categoria discursiva e não biológica, como Stuart Hall (2013) defende ao falar sobre a realidade do conceito de raça: "Dá para ver seus efeitos, dá para vê-la nos rostos das pessoas à sua volta, dá para ver as pessoas se remexendo quando pessoas de outro grupo racial entram na sala. Dá para ver a discriminação racial funcionando nas instituições, e assim por diante. Para que toda essa algazarra acadêmica sobre raça, quando você pode apenas voltar-se para a sua realidade?".

Em uma perspectiva realista, existem algumas diferenças fisiológicas que utilizamos como base para classificar os *sujeitos* em raças, como cor da pele, formato do rosto, tipo de cabelo. No entanto, a ideia de considerar raça como categoria discursiva é a de propor um entendimento de que essas diferenças comumente utilizadas como base para classificações raciais só passaram a ser assim utilizadas a partir do momento em que passaram a integrar discursos.

A categoria discursiva raça foi construída de maneira a fundamentar uma relação entre natureza e cultura. Se há diferenças biológicas – e, portanto, naturais – entre os *sujeitos*, as diferenças culturais entre eles são discursivamente justificadas. Estando a relação entre natureza e cultura estabelecida, a partir do momento em que uma pessoa é classificada como pertencente a uma determinada (ideia de) raça, características comportamentais e culturais seriam a ela imediatamente atribuídas Hall (2013). E é dessa relação que parte o entendimento acerca da existência de preconceitos raciais. Preconceitos são constituídos a partir do acionamento simbólico de sentidos que a ideia de raça promove. A questão é que a ideia de raça precisa ser cada vez mais acionada, do ponto de vista discursivo, simbólico, e no contexto das lutas identitárias, e das lutas pela própria democracia, pois embasa não só preconceitos ou discriminações, mas um sistema de opressão. E os efeitos desse racismo estrutural se ligam a condicionantes de classe, reforçando gênero como categoria de diferença que promove a desigualdade. Esses efeitos podem ser evidenciados em vários episódios de nosso cotidiano.

A psicóloga e escritora portuguesa Grada Kilomba analisa episódios do racismo cotidiano e evidencia as marcas psicológicas que ele traz, assim como estratégias de resistência e de superação. Quando entrevistei trabalhadoras domésticas para a minha tese, em busca desses relatos subjetivos, uma das palavras que usei para questioná-las a respeito de como se liam racialmente foi "cor", por ser das características utilizadas pelos leitores de raça Hall (2013). Além disso, utilizei a palavra "racial". Em determinado momento, eu as questionei: "Em termos de cor da pele e/ou aspecto racial, você se vê de alguma maneira? Se sim, como você se vê? Se não, por quê? Fale sobre isso, por favor". Um dos resultados relevantes é que, embora essa questão não tivesse sido precedida de outra que trazia a temática racial, muitas delas já traduziam o debate racial como sinônimo do debate sobre o preconceito. Salete, por exemplo, uma trabalhadora doméstica loira e de pele clara que se vê como branca, reagiu a esse questionamento já trazendo um relato de um episódio cotidiano. Para ela, as pessoas "têm preconceito com pessoas negras". Ela trouxe à entrevista o relato de um episódio em que, estando desempregada, foi fazer uma entrevista de trabalho em uma casa. Ela narra: "a mulher falou para mim que não ia me dar o emprego porque eu não tinha cara de empregada. Não me deu o emprego porque eu não tinha cara de empregada, você acredita nisso?" Salete relata que, no bairro onde morava, também ninguém acreditava que ela era trabalhadora doméstica: "achavam que eu era uma patricinha". Outro exemplo narrado ocorreu no elevador do prédio de uma antiga empregadora, ao conversar com uma moradora. Salete conta que "ela virou para mim e falou 'qual andar que você mora?'. Eu brinquei com a [empregadora], falei para ela que eu ia ter que comprar a cobertura do lado. [risos]. [...]. Quando eu saio, eles pensam que eu sou a mãe do [menino], gente lá do prédio. [...] E a mulher bateu alto papo comigo e perguntou qual andar que eu morava. Eu falei: 'não, eu trabalho no 20, [...]'. E ela 'ah é?'. Desse jeito, fez uma cara de espantada. 'É?'. Eu falei assim 'é'. Ela falou assim 'nossa, mas você não tem cara de empregada!'. Desse jeito, 'você não tem cara de empregada'. Eu falei 'obrigada'. Eu ri demais. As pessoas eu acho que tem esse... existe esse preconceito, engraçado".

Com essa estética, Salete não é socialmente identificada como mulher negra e, não o sendo, não tem, simbolicamente, "cara de empregada doméstica". Para explorar esse cotidiano relacionado ao prédio em que trabalhava no momento da entrevista, pergunto à Salete se ela já viu pessoas que considera sendo negras no prédio, ao que ela responde: "De donos? Negro lá? Não, eu não vejo. Nunca vi lá não. Nunca vi. De empregada doméstica, pra falar a verdade, acho que branca, de empregada doméstica, acho que só eu e a [diarista com quem trabalha]. Eu acho que lá no prédio, se eu fosse negra, eu acho que nem iam me perguntar se eu trabalho, já iam pensar já".

É nesse segundo enunciado que Salete se identifica como sujeito racializado – branca – ligando-se a uma identidade racial que reconhece que, social e simbolicamente, a desvincula, pelo menos esteticamente, da atividade profissional que exerce. Quando conta como uma mulher do prédio ficou *espantada* com o fato de ela ser doméstica, dizendo explicitamente que ela não tinha a estética de empregada doméstica, demonstra vivenciar o dispositivo de poder raça, nos mais variados espaços e relações, de um lugar simbolicamente fora do trabalho doméstico. Como essa análise não se limita à dimensão do trabalho doméstico, pode vivenciar e circular por espaços com maior passabilidade do ponto de vista racial e de classe. Tal aspecto só reforça a ligação do trabalho doméstico com sua interpretação como um trabalho ainda ligado a um imaginário escravista e característico do capitalismo colonialista que se instalou em nosso país.

Quando os *sujeitos* que a interpelam se espantam com sua estética, praticam as já mencionadas leituras de raça discutidas por Stuart Hall: lendo seu pertencimento racial de modo desconectado da cor histórica, simbólica e majoritária da trabalhadora doméstica em nosso país. É como se, pelo acionamento de um sentido do que é ser negro na sociedade brasileira de acordo com as características físicas, ela não pudesse performar raça de modo associado a como a branquitude pauta a negritude.

Todo esse episódio, que não é o do sofrimento de um racismo estrutural, revela o quanto os corpos racializados navegam de modos distintos os determinados espaços a partir da categoria racial. O corpo de Salete tem cor: branca. E circula de modo tranquilo pelos espaços simbólicos da burguesia. A encruzilhada aberta pela interseccionalidade nos permite ir além não só nas circulações relacionadas aos corpos femininos (quando sexualizados) pertencentes a grupos empobrecidos (quando são convidados a entradas de serviço nos prédios em que trabalham). Permite também evidenciar as circulações pelas estruturas econômicas da sociedade, e então pelas divisões de classes. Como mostra Luana Pinheiro em texto publicado em 2019, as trabalhadoras domésticas negras recebem menos do que as trabalhadoras domésticas brancas em todas as regiões do país.

Arlete e Eva seguem contando que já tiveram ou têm patrões com pertencimentos raciais implicitamente diferentes das cores que se acostumaram a ver em seus empregadores. Arlete define alguns ex-patrões como "morenos", recorrendo a uma das várias nomenclaturas populares para as gradações de cores no Brasil. Importante falar sobre a expressão porque o chamado paradigma da morenidade, que foi sustentado por alguns pensadores, como Gilberto Freyre, faz parte desse processo. Abdias do Nascimento, ativista dos direitos civis das populações negras, trata a morenidade como um recurso perigoso para o apagamento dos negros no Brasil, e que, como percebemos, é incorporado e serve a um esvaziamento do importante conteúdo político que carrega.

Por sua vez, Eva comenta como é estranho não trabalhar muito em casa de famílias negras, o que faz parte de todo esse contexto interseccional já refletido aqui. Eva traz outra expressão, quando fala de seu atual patrão: "bem escurinho". Ela denota algo importante de se discutir dentro do contexto de raça interseccionado a raça e classe: o colorismo. O escurinho de Eva é o nosso preto. Por "bem escurinho", a gente bem entende sem complicações o que Eva quer dizer. O colorismo é uma chave teórica de análise formulada pela escritora e ativista feminista norte-americana Alice Walker, que nos ajuda a entender que, quanto mais escura a cor da pele, mais as marcas do racismo estrutural são evidenciadas sobre as trajetórias dos sujeitos. E, por mais que pessoas negras brasileiras que fazem parte do grupo de pessoas pardas pela terminologia do IBGE (negros de pele mais clara) sofram também esses efeitos estruturais, não há por que se falar em privilégios, mas sim em circularidades distintas de seus corpos. Pessoas pretas, as "bem escurinhas", como diz Eva, sofrem ainda mais. Pois, para os leitores de raça, estão ainda mais "distantes da consideração de humanidade em relação aos pardos" (MESQUITA, 2020, p. 341-357).

Aparecida nos dá acesso a mais uma expressão importante nesse contexto: mulata. "Eu me considero mulata, é assim mais ou menos, né? Eu não me considero negra, negra mesma não, mas, né? Morena, né? Não! Deixa mulata". Na fala de Aparecida, negra virou sinônimo do que a classificação oficial consideraria preta; e mulata, o que consideraria parda.

Mulata é uma expressão que, no Brasil, é muito característica de um contexto de hipersexualização da mulher negra, e que pode ser compreendido a partir das interseccionalidades entre gênero e raça. Se existe um contexto social que estruturalmente coloca as mulheres em condição de objeto sexual, isso ocorre ainda de maneira mais reforçada quando falamos das mulheres negras, em função de todo o processo de racialização em nosso país – que confina mais ainda os corpos negros à condição de objetos – e a toda carga que a escravização traz em termos de imaginário e construções sócio, psico e emocionais de todos nós, *sujeitos* racializados. No caso das negras, a construção remete ao histórico dos estupros que sofriam as mulheres escravizadas, aquelas que invocam um imaginário de saudosismo que vimos no relato de Gilberto Freyre: ideal para a cama, mas não para matrimônio.

Um exemplo desse estereótipo foi a campanha publicitária de uma marca de cervejas, no começo dos anos 2000, que apresentava pintura de uma mulher negra, com o corpo curvilíneo do padrão racista "mulata tipo exportação", com os dizeres "é pelo corpo que se reconhece a verdadeira negra". Essa frase se referia à cerveja escura, e sugeria a característica da mulher negra, cuja pintura em tamanho bem destacado estampava a campanha, trazendo um dos vários modos pelos quais as mulheres negras são tipificadas. No caso das trabalhadoras domésticas, essa objetificação, que fica estendida à categoria, e inclusive se torna fetiche, faz com que os relatos de assédio sigam presentes, aos quais elas comumente afirmam reagir seja impondo limites, seja pedindo demissão.

Em alguns relatos das trabalhadoras domésticas a temática racial aparece de forma espontânea em suas narrativas, de forma implícita ou explícita. De acordo com Aparecida, o cabelo das mulheres negras deve permanecer natural, do jeito que é. "Ter que passar química, sei lá, isso eu não gosto muito. [...] Acho importante, isso foi como eu nasci, não tenho que ter vergonha." Essa fala de Aparecida, que, na ocasião da entrevista, tinha o cabelo bem curtinho cortado com máquina, evidencia o quão são complexas as relações com a própria estética vivenciadas pelas trabalhadoras domésticas negras. Ao mesmo passo em que afirma a importância de ser como é, também tem dificuldades que são estrutural e socialmente construídas com a textura de seu cabelo – admissível, desde que seja curtinho, o que ela também comenta durante a entrevista.

As discussões de mulheres negras relacionadas ao cabelo são questões identitárias muito importantes, e que afetam vivências não só pessoais, como também de trabalho (MESQUITA; TEIXEIRA; SILVA, 2020).

Hall (2013), como um significante flutuante, que varia de acordo com o contexto temporal e social, é acionada novamente no relato de Débora, quando ela se lembrava de um episódio contextualizado no início de seu trabalho para uma família na cidade do Rio de Janeiro.

Quando foi no dia 13 de maio, foi o dia da... da abolição, né, no dia 13 de maio, eu comecei a trabalhar. Você lembrou da data do... da Abolição da Escravatura, por que assim? [...] É porque quando... no dia que eu comecei a trabalhá lá foi muito engraçado. O [nome do filho da patroa, então com cerca de sete anos] ele falou assim 'oh, como é que é seu nome mesmo?' Eu falei 'Débora'. Ele falou assim... na hora eu fiquei meio assim chateada [risos] com o que ele falou, mas depois eu levei na brincadeira. Ele falou assim, 'ô Débora, cê sabe que dia é hoje?' Eu falei, 'ah sei uai, hoje que eu tô começando a trabalhá aqui na sua casa'. Ele 'uai, uai por quê'? Eu falei, 'ah porque eu sô mineira'. Ele falô 'ah tá, mais cê sabe que dia é hoje'? Eu falei 'sei, hoje é 13 de maio'. Ele 'hum, tá, na sua certidão tá... como é que tá sua cor na certidão'? [risos] Eu falei, 'uai, parda'. 'Parda? Ah não, mais tinha que sê negra'. Eu falei 'por quê que tinha que ser negra'? Ele falou, 'ah porque aí hoje você estaria... tá... tava comemorando o dia da libertação dos escravo'. Eu falei, 'ah meu Deus dos céu'. Eu falei, 'nossa, cê tá me chamando de negra'? Ele falô, 'não, tô te chamando de negra não, tô brincando com você'. Ele viu que eu fiquei triste, então por isso que eu lembrei. Eu sempre lembro dessa data por causa dessa brincadeira que o [nome do menino] fez comigo do... da abolição dos escravos. Que ele falô [...] que eu sou negra, que aí eu tinha que comemorá a data, do dia 13. É, essa questão dele te chamar de negra, o que você tem a dizer sobre isso, assim? [pausa] Não, na hora... Ham. Eu fiquei assim... Eu fiquei triste, né porque ele... ele assim, é bem clarinho né? Do olho azul. Aí eu achei que ele tava me... me discriminando, mais depois eu vi que foi sem

> maldade nenhuma, que foi sem brincadeira. Mais eu num tenho nada não. Eu sô... fui criada por uma família negra. Negra, negra mesmo. Meu pai [adotivo] é negro. Entendeu? Então eu tenho o maior orgulho de ser filho deles. Tenho mesmo. E nessa questão de cor, você se considera de alguma forma? Ah, eu me considero negra, eu me considero negra mesmo, de coração. [...] Ele te perguntou como estava escrito em sua certidão. Nessa questão de autodenominação, por exemplo, se um IBGE, um censo vai te perguntar como você se considera, você responderia o quê? Negra. Na certidão é que tá lá esse negócio de parda, que eu até hoje não entendo o quê que é isso. Eu num entendo porque coloca... colocam na certidão. Colocam nem morena, nem branca, nem nada, nem negra; coloca parda, eu sei lá o quê que é isso... Eu falo, eu sou negra e pronto cabô, ué.

A fala de Débora é complexa e demonstra a diversidade possível de práticas de produção de sentidos, até mesmo as relacionadas à denominação de cor parda por uma esfera institucional (IBGE), a qual a moça afirma não entender. Há relações ambíguas estabelecidas quanto à temática racial pelo filho de sua patroa e, também por ela. Seu relato assusta quem entende o histórico de animalização do corpo negro diante do corpo branco: aquele diferente, que já foi exposto em museu após ser capturado como um animal, dissecado e empalhado; exibido como atração circense. Neste caso, não estamos falando de uma animalização. Não há, por parte de uma criança de sete anos, essa tentativa. Mas há a chamada de atenção para esse corpo diferente que entra em sua casa.

Partindo de socializações que colocam o 13 de maio como uma data a ser comemorada, parte-se do pressuposto de que seria fruto de alegria somente para as pessoas negras, o que nos convida a refletir sobre como as relações raciais no Brasil têm sido ensinadas nas escolas. São as crianças, os jovens e os adultos brancos formados nessas instituições de ensino que conviverão a partir dos pactos históricos de seus grupos sociais, colocando as trabalhadoras domésticas em posições, às vezes, desarmadas para responder ao tipo de comentário que a criança fez à Débora. É o corpo que gera estranhamento, e que passa a se tornar um fetiche de determinadas datas, quase num ato de benevolência, como se a suposta libertação das pessoas escravizadas em 13 de maio devesse ser comemorada.

Há, também, um jogo da responsabilização das práticas discursivas em torno do sentido simbólico de brincadeira da criança. Há uma interação que termina com uma suposta ideia de que ser chamado de negro poderia ser uma ofensa. No entanto, além de não ser, naquele momento, de acordo com o relato de Débora, percebe-se que seu descontentamento não se refere ao fato de ter sido localizada como negra, mas sim de ter sido localizada como corpo diferente. Faz parte do jogo, também, a avaliação moral no sentido de as práticas serem "maldade" ou não. E isso faz parte de recursos históricos de silenciamento da discussão racial, um flerte com o ideário de um humanismo racial. Quando falamos de racismo, nossos recursos avaliativos não perpassam necessariamente recursos de avaliação de moralidade. Falamos de justiça, em diversos níveis, e do reconhecimento de que práticas consideradas naturais não o são, independentemente da intenção. Pois não é sobre o indivíduo que falamos, mas sobre um sistema. E, enquanto parte do sistema, aquela criança repete os padrões de convivência com um corpo que supostamente é "estranho" de seu círculo social. Entretanto, esse corpo supostamente "estranho", ou tido como o "exemplar" de uma raça, nada mais é do que o corpo majoritário na sociedade brasileira.

No relato de Débora durante a entrevista, percebe-se, também como ela incorpora um discurso historicamente reproduzido por pessoas ao se negarem racistas: a recorrência à família negra, embora ela mesma, nessa situação, não precisasse desse recurso, por se ler como mulher negra. Portanto raça, entendida como dispositivo de poder, se liga à trajetória de mulheres que se inseriram no trabalho doméstico, atuando como processo de subjetivação que influencia suas constituições de maneira subjetiva por meio de uma relação ambígua, complexa e, por vezes, contraditória. Algumas se reconhecem como sujeitas racializadas; refletem sobre o fenômeno do racismo, que aparece quase imediatamente em seus discursos; evitam a utilização do termo negro com expressões como morena e mulata, ou utilizam essas palavras de maneira positiva, ainda que reconheçam sua utilização negativa pela sociedade.

Percebemos que performar raça é ainda uma noção de mais difícil reconhecimento e tratamento por parte das trabalhadoras do que o performar o gênero, sendo esse último dispositivo circunscrito de uma maneira muito peculiar desde as suas infâncias. E isso se deve ao histórico de silenciamento da discussão racial no Brasil a partir do mito da democracia racial, evitando a difusão de uma educação sobre as relações étnico-raciais que constroem o tecido que sustenta a estrutura de nossa sociedade.

A questão da raça influencia suas artes de cuidar porque, pensando em estruturas sociopolíticas mais abrangentes, lida com relações de poder que atribuíram a identidade social negra à responsabilidade pelo servir os outros, o que implica uma prática interacional de cuidado. Ou seja, o autocuidado como categoria política importante para mulheres negras precisa ser cada vez mais disseminado.

Sueli Carneiro (2003), ativista antirracista e uma das principais escritoras do feminismo negro no Brasil, chama a atenção para como a categoria raça estigmatiza as identidades femininas negras, ao naturalizar o lugar das pessoas negras como "aquelas que devem servir".

No caso dos homens, Carneiro afirma que raça subalterniza as identidades masculinas. Em relação a essas últimas, ela coloca à prova a predominância do discutido patriarcado como pauta de luta dos feminismos que não abarcam a dimensão racial, pois os homens negros seguem subalternizados em relação às mulheres brancas.

Alguns dados nos ajudam a entender melhor por que o recorte de raça é importante para refletir sobre quem são as trabalhadoras domésticas:

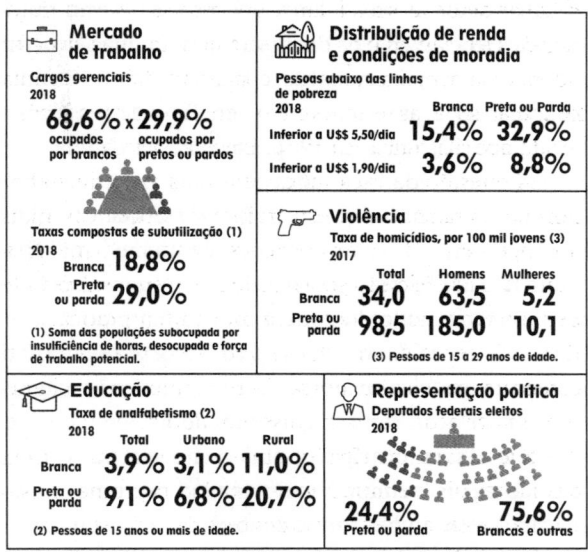

Mercado de trabalho

Cargos gerenciais
2018

68,6%	x	29,9%
ocupados por brancos		ocupados por pretos ou pardos

Taxas compostas de subutilização (1)
2018

Branca	18,8%
Preta ou parda	29,0%

(1) Soma das populações subocupada por insuficiência de horas, desocupada e força de trabalho potencial.

Distribuição de renda e condições de moradia

Pessoas abaixo das linhas de pobreza
2018

	Branca	Preta ou Parda
Inferior a U$$ 5,50/dia	15,4%	32,9%
Inferior a U$$ 1,90/dia	3,6%	8,8%

Violência

Taxa de homicídios, por 100 mil jovens (3)
2017

	Total	Homens	Mulheres
Branca	34,0	63,5	5,2
Preta ou parda	98,5	185,0	10,1

(3) Pessoas de 15 a 29 anos de idade.

Educação

Taxa de analfabetismo (2)
2018

	Total	Urbano	Rural
Branca	3,9%	3,1%	11,0%
Preta ou parda	9,1%	6,8%	20,7%

(2) Pessoas de 15 anos ou mais de idade.

Representação política

Deputados federais eleitos
2018

24,4%	75,6%
Preta ou parda	Brancas e outras

Fonte: IBGE. Desigualdades sociais por cor ou raça no Brasil. Estudos e Pesquisas – Informação Demográfica e Socioeconômica n. 41. 2019. p. 1.

Somando-se a esse quadro de desigualdades raciais no país, que mostram como a categoria raça é um importante marcador, Grada Kilomba (2019) discute o racismo genderizado, baseando-se no conceito da pesquisadora de gênero, raça e liderança Philomena Essed, como sendo a opressão de raça que atinge as mulheres negras. Kilomba, em sua abordagem que evidencia relatos de racismo cotidiano, conta que, ao ir ao médico por conta de uma gripe por volta de seus 12 ou 13 anos, recebeu do mesmo um convite para viajar junto com sua família que sairia de férias para limpar, cozinhar e lavar roupas, podendo ter o que seria supostamente o benefício de ir à praia.

Grada Kilomba (2019, p. 36-37) conta ainda que o médico que lhe fez o convite "tinha máscaras africanas decorando" o consultório e disse que eram de Guiné-Bissau. "Eu trabalhei de lá como médico!" Ela relata não lembrar se foi capaz de dar alguma resposta, mas disse ter saído do consultório se sentindo mal, e vomitado antes de chegar em casa. Kilomba relata: "o homem transformou nossa relação médico/paciente em uma relação senhor/servente: de paciente eu me tornei a servente negra, assim como ele passou de médico a um senhor branco simbólico, uma construção dupla, ambas fora e dentro".

Essa suposta benevolência vivenciada por Kilomba, embora em outro país, é também parte de uma estratégia histórica da branquitude brasileira para não deixar de negar seu suposto humanismo racial (MOREIRA, 2020). Eu não tive como não relacionar essa narrativa à minha própria experiência como filha da Maria, trabalhadora doméstica. Crescendo no interior de Minas Gerais, conhecer – e usufruir – a praia era um privilégio de férias das elites tradicionais da minha cidade natal. Eu estabeleci ao longo dos primeiros 16 anos da minha vida uma relação de dubiedade com sua família empregadora. Por um lado, eu tinha gratidão pela disposição significativa de sua patroa em me apresentar a livros e me incentivar no campo da educação. E também por encontrar naquela família a possibilidade de conhecer a tão sonhada cidade do Rio de Janeiro. Lembro que minha primeira vez pulando uma onda, aos 11 anos, foi com o apoio de seu patrão, tamanho o medo que tinha.

No entanto, o tal lugar dentro e fora das relações era bastante explícito. Minha mãe nunca saía junto para ir à praia, ou ao shopping. Ela ficava na casa, trabalhando. Inclusive, tinha resistência quando esse tema era abordado. Resistência que jamais foi proativamente quebrada por seus patrões. Eu era a menina tímida que ficava assustada com cada coisa nova e não tinha minha a mãe ali ao lado para compartilhar aquele momento. Era também a filha que ficava sem a mãe todos os dias, independentemente de viagens, em uma jornada de trabalho fora do convencional. E fui a filha que via a mãe chegar em casa e chorar, por diversas vezes, por não se sentir valorizada, por se sentir humilhada. Dá um nó na garganta só de lembrar.

Muitas das pessoas que me leem neste momento sabem o que é ter uma vida construída com a projeção de que, a partir do estudo, poderia tirar as mães ou familiares de determinadas condições. E, em momentos da vida, quando a gente não se dava conta de quão estrutural e maior do que nós aquele problema era. O falecimento de minha mãe aos 48 anos, ainda sofrendo com suas vivências cotidianas, significou ver meu projeto de vida frustrado aos 16 anos de idade. Porque ela não estava mais ali. E é sobre não jogar pesos tão estruturais sobre sujeitos desde as suas primeiras socializações que falamos quando queremos reconhecer e bradar que o racismo é estrutural e estruturante.

Eu não era a que servia diretamente àquela família. Mas eu servia de algum modo. Porque minhas próprias férias escolares estavam a serviço deles. Eu me lembro que, numa dessas viagens para o Rio, após ficar 15 dias lá, os patrões decidiram ir para outro litoral e perguntaram se minha mãe queria ir junto para trabalhar. Minha mãe, dividida entre saber que sua filha estava num lugar desconfortável e distante dos primos para brincar e a necessidade de ganhar mais dinheiro, deixou que eu decidisse. Eu, com muita dor, pois aos 11 anos já entendia em que implicava cada uma das decisões, não quis ir. Estava doida para voltar para casa pra combinar com meus primos qual Power Ranger eu seria. E para contar que eu tinha experimentado o picolé da Kibon que minha mãe não conseguia comprar. Não à toa, os argumentos para a sedução do novo litoral eram parecidos com os argumentos que Kilomba ouviu do médico: "Você vai poder ir pra praia". No caso, eu, não a minha mãe. Me seduzia conhecer um novo lugar? Sim. Mas não naqueles termos. Eu estava muito grata por ter ido, mas não sentindo que eu deveria subir pelo elevador de serviço a todo o momento no prédio da família.

Dessa forma, a discussão de Kilomba sobre as relações entre raça e gênero nos mostra como a sororidade como uma ideia de conexão e de cumplicidade entre as mulheres pode ser potente se for devidamente contextualizada. Segundo ela, se não for, é uma ideia que silencia os efeitos do escravismo, do colonialismo e do racismo. A autora argumenta que as mulheres brancas recebem alguma parcela dos poderes dos homens brancos. Quando tensionamos essa discussão com a construção do trabalho doméstico no país, esses intercruzamentos ficam evidentes.

Numa situação como a que Kilomba mencionou, as mulheres da família do médico na condição da viagem, ainda que sofrendo opressões de gênero, estariam numa situação muito diferente da relação com o próprio lazer que poderia representar para si uma viagem, ao contrário da servidão que fica socialmente interligada à imagem da intelectual. O mesmo ocorre em meu relato. É uma mesma viagem para um litoral vivenciada de modos e significados distintos. E aí não só raça e gênero se intercruzam, como também classe.

Saindo da esfera do trabalho doméstico, mas não necessariamente de modo desvinculado, estão os homens negros, que pertencem às famílias de boa parte das trabalhadoras domésticas e são os que mais morreram por covid-19 no Brasil durante a pandemia de 2020, a partir dos dados disponibilizados pelo SUS. Esse é um retrato das manutenções estruturais das tecnologias interseccionais de genocídio da população brasileira (MESQUITA, 2020, p. 341-357).

O trabalho doméstico se intercruza nas avenidas entre racismo, cisheteropatriarcado e classismo, em função dos lugares estruturais ocupados pelas trabalhadoras ou por seus núcleos familiares. É por isso que ouvimos falas como as de Luiza, da Themis, no evento virtual "Colóquio CAP Trabalho Doméstico", em 2020, que diz que o trabalho doméstico é o "processo de escravização moderna". É por esse motivo que a rapper, historiadora e arte-educadora Preta Rara (2017), no subtítulo de seu livro *Eu, empregada doméstica*, diz "a senzala moderna é o quartinho da empregada".

Há vários aspectos que precisam ser enfrentados para que esse quadro mude. Por exemplo, sobre o envelhecimento da categoria das trabalhadoras domésticas e a diminuição do número de jovens trabalhando na atividade. O texto de Luana Pinheiro (2019) e outras autoras publicado pelo IPEA em 2019 adiciona um importante adendo que configura a encruzilhada que precisamos atravessar para a compreensão do trabalho doméstico. Para Luana, esse processo de "transição demográfica" das trabalhadoras domésticas não se dá exatamente da mesma maneira e/ou intensidade quando se consideram as mulheres brancas e negras. Assim, se há uma saída das jovens mulheres da ocupação do trabalho doméstico, essa saída é mais intensa para as brancas do que para as negras, uma vez que são aquelas as que contam com maiores níveis de escolaridade e para as quais outras oportunidades de emprego tendem a se abrir com maior frequência.

Sobre a permanência maior das mulheres negras nesse tipo de atividade, de modo somado ao aumento do número de diaristas, é importante também pontuar que a ideia de maior autonomia dessa profissional diante da possibilidade de escolha de onde trabalhar anunciada como aspecto positivo no início do crescimento do número de diaristas especialmente em alguns contextos urbanos é acompanhado de aspectos de precarização. Nem todas as trabalhadoras domésticas diaristas hoje vivenciam uma realidade de relação entre alta demanda e baixa oferta de trabalho.

Além das disparidades regionais que implicam em realidades distintas, dados da PNAD Contínua discutidas no texto de Luana Pinheiro e outras autoras publicado pelo IPEA em 2019 mostram que nem todas as diaristas conseguem trabalhar o número de horas que gostariam, e essa dificuldade de equilibrar disponibilidade de horário e necessidade *versus* demanda é maior para as diaristas negras. Dados de 2018 revelam que 27% das diaristas brancas gostariam de trabalhar mais, e não conseguem; isso ocorre com 35% das diaristas negras Pinheiro (2019), o que revela condicionantes raciais para o acesso à renda mesmo em uma atividade precarizada e desprotegida como a da diarista.

No texto de Pinheiro (2019) fica evidente a discussão sobre a dificuldade maior das mulheres negras de encontrarem novas casas para trabalhar em contextos de crise, drama também presente para as trabalhadoras brancas. Um aspecto importante a ser mencionado e que deveria ser convertido em solução institucional – qual seja, uma maior fiscalização da limitação legal da jornada diária de trabalho dessas mulheres – é que há, em contrapartida, trabalhadoras domésticas mensalistas trabalhando acima do máximo permitido de duas horas extras por dia, com base em dados registrados (ou seja, esse número pode muito maior).

Isso evidencia o quanto a máxima da exploração do corpo, do tempo, da vida e da interação do cuidado faz parte do cotidiano dessas mulheres, especialmente entre as mensalistas, que são as mais diretamente ligadas à primazia do objetivo da servidão sem muitos condicionantes. Pois, em muitas relações, elas acabam ficando mais sujeitas às eventualidades que se convertem com recorrência em atividades extra rotineiras.

Conforme nos lembra a pesquisadora Eliane Barbosa da Conceição (2016), há uma ordem de situação socioeconômica que, numa hierarquia de maior para menor precariedade, segue o seguinte fluxo: mulheres negras, homens negros, mulheres brancas e homens brancos. Vemos, assim, que há irmandades e pactos que precisam ser rompidos, e não colocados em suspensão quando pautas como a de gênero ganham evidência. É preciso ter ao lado os livros honestos de História para que entendamos que raça faz parte inegociável do contexto de desigualdades, o que implica em como as trabalhadoras domésticas são tratadas.

CLASSE INTERSECCIONADA A RAÇA E GÊNERO

> [...] Quando eu fui trabalhar numa casa, era a primeira vez. Aí eu combinei como empregada doméstica lá na Colinas. Aí eu trabalhei como faxinera nesse dia, mas

eu não sabia. A mulher mandou eu lavar a casa dela intera, fiz a maior coisa. Mas limpei mesmo a casa dela, saí de lá era 5... Entrei 8 e saí 5 horas da tarde. Aí... pegou... Não, eu falei com ela. Ela falou assim, ah 'Jacyara', agora eu não vo, eu não vou, eu não vou precisar mais. Aí eu falei, então eu vou te cobrar minha faxina porque eu fiz com... trabalhei na sua casa como faxina. Vou te cobrar ocê 60 reais e ela não quis me pagá e até hoje nunca me pagô. Ela ia me dar 20 [...] aí falei assim, não, 20 reais pode ficá pra senhora porque eu não quero". (Jacyara, 2014)

Bárbara Machado (2019), professora de História e doutora em História Social pela Universidade Federal Fluminense, nos ajuda a compreender que o conceito de classe dentro de uma perspectiva interseccional precisa ser entendido mais do que um conceito ligado à medida de riqueza, ou de capacidade de acesso a bens de consumo. A professora defende que, quando se entende classe apenas como dimensão de pobreza, acaba-se atendendo aos interesses quantitativos do liberalismo, ou seja, falando sua "língua".

O conceito de classe precisa então ser compreendido nesse contexto a partir de uma perspectiva de concepção política da luta de classes, num sentido de luta contra o capitalismo e o imperialismo. Baseando-me na brilhante recuperação que Machado faz do manifesto de 1977 assinado pelo coletivo de feministas negras Combahee River Collective, e que pauta essa compreensão estrutural, entendemos que, assim como se fala em racismo estrutural, deve-se pensar na concepção estrutural do capitalismo e do imperialismo como "sistemas político-econômicos" e, portanto, é preciso pensar no combate às opressões estruturais que eles representam. Machado lembra como Bell Hooks (1984, p. 7) critica uma assunção feminista sem oposições conjuntas ao capitalismo, ao classismo, ao patriarcado e ao racismo.

Ainda, com base na trajetória do movimento negro no Brasil, e com base nos estudos de Florestan Fernandes (2007) e de Mariana Quintans (2015, p. 72-100), é importante considerar classe como uma categoria estrutural a ser mobilizada não só para os enfrentamentos da ordem social, num sentido amplo e que se refere à luta contra o capitalismo; mas também como ferramenta de luta a partir de dentro das mesmas relações capitalistas.

Quintans (2015, p. 72-100) chama a atenção para como Fernandes analisa as articulações do movimento negro e do movimento de mulheres no contexto das disputas da Constituinte de 1988, evidenciando como ele mobilizou classe para disputas "dentro da ordem" capitalista, como também "contra a ordem" capitalista.

Por exemplo, a militância negra reivindicou a não discriminação de raça e gênero no mercado de trabalho, exigindo, dessa forma, igualdade na exploração do trabalho. Reivindicou também políticas de ações afirmativas que permitissem o ingresso diferenciado dos negros na educação. Pautaram ainda o direito à terra das comunidades negras rurais, exigindo, portanto, reconhecimento do direito de propriedade. Entretanto, ao mesmo tempo houve questionamento do modelo de propriedade privada individual e, atualmente, os territórios quilombolas são titulados de forma coletiva e a terra, por não ser tratada como mercadoria, não pode ser comercializada. Esse processo de reconhecimento conjugou a luta "dentro da ordem" com a "luta contra ordem" como defendido por Florestan Fernandes [...].

E, no caso do trabalho doméstico, as próprias concepções mais amplas que envolvem o sentido social de burguesia são importantes, já que fazem parte dos elementos que compõem, ou adornam, o modelo burguês de família enquanto dimensão organizativa social. Além disso, o trabalho doméstico, no que tange ao contexto capitalista produtivo das relações, está numa posição de ainda mais subalternidade, pois não é diretamente considerado produtivo e orientado à valorização do capital, nos moldes em que Marx (2002) considera o trabalho numa sociedade de classes.

No entanto, o trabalho doméstico (mesmo o não remunerado) se vincula à atividade dita produtiva, sustentando a inserção de mulheres e homens nessa esfera construída. E, se mantido precarizado, os núcleos familiares a que pertencem as trabalhadoras domésticas remuneradas ficam ainda mais à mercê da estrutura capitalista que sustenta a divisão de classes. Em um contexto de desvalorização dos princípios de um Estado de bem-estar social, desonera o Estado de cumprir com responsabilidades relativas à economia do cuidado, que é tão historicamente objeto dos estudos de gênero.

Para Karl Marx (2002) as classes sociais são definidas a partir do modelo de produção capitalista, que se organiza a partir de uma desigualdade fundamentada na apropriação que essa burguesia dominante faz da riqueza produzida na sociedade por meio da exploração da força de trabalho da classe dominada – os trabalhadores. Esse modo de organização social e econômica configura uma divisão social de classes, em que uma minoria se apropria do que é gerado pelo trabalho de uma maioria.

Numa perspectiva interseccional de análise, tal processo é analisado levando em consideração que também outras estruturas de poder afetam essa divisão de classes, e não somente a relação direta com a maneira pela qual se é posicionado no modo de produção capitalista, entendendo que esse posicionamento foi afetado, e, também, se valeu, de outras configurações de poder na sociedade.

Florestan Fernandes (2007, p. 260) chama a atenção para como a escravização e a ideia de raças "se inseriram e afetaram as determinações de classes". A socióloga marxista e pesquisadora da violência de gênero Heleith Saffioti (1987) contribuiu para essa discussão, ao evidenciar que o capitalismo entendido por ela como um sistema de dominação de classes produz e reproduz desigualdades de raça e de gênero, sendo mantido pelo intercruzamento estrutural entre essas três dimensões. Fazendo uso do conceito de interseccionalidade de Kimberlé Williams Crenshaw, a socióloga Maria Lugones (2008) também propõe que o entendimento das heranças coloniais de um intercruzamento entre classe, gênero, raça e sexualidade são fundamentais para a compreensão das dinâmicas de desigualdades na América Latina.

No contexto brasileiro, e latino-americano, falamos de um capitalismo posicionado a partir das dinâmicas de escravização e da diáspora africana como sistema de garantia de força de trabalho, construindo as bases para os efeitos geopolíticos do capitalismo industrial. Clóvis Moura (2020) é um autor que nos permite entender essas relações ao traduzir o marxismo para o entendimento das relações raciais no Brasil.

Lélia Gonzalez (2018) nos ajuda nas discussões de classe quando pensa a formação do capitalismo brasileiro realizada de modo associado ao racismo e ao sexismo. Para a intelectual, o racismo e o sexismo o reforçam. Gonzalez afirmava não ver no capitalismo um sistema que culminaria, em seu avanço, na extinção das desigualdades raciais. A pesquisadora propôs que pensássemos na existência de uma divisão racial do trabalho no Brasil, ao ir além da dicotomia entre proprietários dos meios de produção e trabalhadores assalariados, evidenciando como o racismo beneficiava não somente os capitalistas proprietários, como também à categoria de trabalhadores brancos.

Ainda hoje vemos como a dificuldade de estabelecimento de políticas públicas capilares de combate à desigualdade racial, historicamente negada, continua a beneficiar as pessoas brancas, obviamente a partir de lugares e implicações distintos, se nos centrarmos à maneira como o capitalismo se organiza. Para Gonzalez, raça é uma das categorias que estruturou os lugares de classe dentro das relações de trabalho e de produção. E classe é o princípio organizativo fundamental da nossa estrutura social.

Vale lembrar que a estratégia institucionalizada no país de adoção de mão de obra imigrante europeia, ao invés do emprego das pessoas negras, fez parte desse processo de interferência de raça na formação das classes no Brasil, uma vez que a força de trabalho branca era considerada aquela capaz de constituir um país mais próximo dos ideais eurocêntricos.

Florestan Fernandes (2007) mostra como a organização da sociedade brasileira se deu de modo a excluir as pessoas negras, pois não eram consideradas nem humanas. Nesse processo, é fundamental que avaliemos os impactos desse histórico na maneira como hoje o capitalismo brasileiro racializa o trabalhador, uma vez que, mesmo em suas brechas de trabalhos mais bem valorizados socialmente, as experiências são dificultadas para as pessoas negras.

Fernandes (2008) coloca a problemática relacionada à desigualdade racial como central para a compreensão dos processos de luta por democracia e em oposição ao capitalismo no Brasil. Ele defendia que os movimentos negros estivessem inclinados a mobilizações contra o sistema capitalista. O autor se contrapunha a um histórico brasileiro em que determinados segmentos de intelectuais e dos movimentos sociais defendiam que a pauta racial promovia uma fragmentação não desejável da categoria trabalhadora (QUINTANS, 2015, p. 72-100),[1] uma vez que raça e classe são interligadas.

No caso da organização política das trabalhadoras domésticas no Brasil, seu histórico evidencia o quanto sua constituição como categoria foi afetada por um histórico de ligação de suas lideranças com o movimento negro. A experiência com a mobilização racial, nesse sentido, guardou relações com o próprio impulsionamento da categoria de trabalhadoras.

A partir dessas influências raciais sistêmicas, a mobilização das trabalhadoras domésticas se dá previamente às próprias regulamentações legais que envolvem a trajetória legislativa do trabalho doméstico no Brasil. Ou seja, falamos de movimentos que se formam e se formaram independentemente da institucionalização pelo Estado do trabalho doméstico como profissão, pois ainda costuma ser vinculado ao contexto da "ajudante" que é "como se fosse da família".

Se para o filósofo marxista italiano Domenico Losurdo os avanços tecnológicos trouxeram impactos na dominação de classes, no sentido de um maior controle das emoções das pessoas (NOVAES; MACHADO, 2014, p. 8), é preciso dizer que, no contexto do trabalho doméstico no Brasil, esse controle das emoções como mecanismo de não articulação ou desarticulação das trabalhadoras é historicamente favorecido pelo racismo estrutural e pela base patriarcal de nossa sociedade, uma vez que ambos corroboram, enquanto sistemas, para a dificuldade de consciência de pertença a um grupo que coletivamente poderia se mobilizar, uma vez que a relação intrínseca entre a atividade doméstica e o seio das relações familiares, pessoais, construídas no modelo burguês de sociedade, dificulta a consciência de que se é parte de uma categoria.

Os sociólogos alemães Ulrich Beck e Elisabeth Beck-Gernsheim chamam a atenção para como ideologias nos levam à crença, muitas vezes, de que a solução dos problemas originados pela desigualdade deva ser individualizada ou, no máximo, resolvida num contexto familiar. E isso faz com que tenhamos uma aparência de sociedade capitalista sem classes. No caso das trabalhadoras domésticas, isso se reforça pela dificuldade de mobilização mais ampla, uma vez que o "como se fosse da família" é ainda fruto de registros histórico das escravizadas domésticas, numa relação dificilmente reconhecida como trabalho.

Ao analisar as lutas de classe no contexto do século 21, Domenico Losurdo argumenta que "devemos considerar a opressão de classes toda vez que um povo é submetido e reduzido a alguma forma de escravização. [...] Seria ridículo considerar luta de classes apenas como uma reivindicação pelo aumento de uma fração do salário de operários e não uma luta de classes para erradicar a escravização de um povo inteiro. Há três tipos de lutas de classe atualmente. Quais são elas? Primeiro: a luta popular contra a burguesia. Segunda: a das mulheres pela emancipação – e não devemos pensar só no Ocidente [...]. E terceiro: a de todos os povos oprimidos" (NOVAES; MACHADO, 2014, p. 8).

Essa amplitude no entendimento das lutas de classe contemporâneas são maneiras de se evidenciar a potência que essa discussão pode representar para o trabalho doméstico. Em 2005, o professor e doutor em Sociologia José Santos (2005, p. 21-65), ao propor uma classificação socioeconômica brasileira, elaborou uma categorização que segue uma ordem partindo do grupo mais privilegiado na estrutura de divisão de classes para o grupo menos favorecido, conforme a ordem a seguir: capitalistas e fazendeiros, pequenos empregadores, trabalhadores por conta própria não agrícolas, trabalhadores por conta própria agrícolas, especialistas autoempregados, gerentes, empregados especialistas, empregados qualificados, supervisores, trabalhadores, trabalhadores elementares, trabalhadores por conta própria precários, empregados domésticos (independente de com ou sem carteira assinada).

Em seu estudo, Santos usou as seguintes variáveis: renda, horas de trabalho, raça, classe, educação, anos de trabalho, anos no trabalho atual, região, residência, migração, setor público/privado, setores econômicos, gênero e condição na família.

Assim, numa análise mais ampla, vários são os argumentos que posicionam as trabalhadoras em opressões estruturais múltiplas, e que nos colocam o desafio de lutas inclinadas ao desvencilhamento ideológico que o trabalho doméstico tem com a escravização brasileira e com todos os processos estruturais a ela inerentes. E é nesse sentido que a interseccionalidade aparece mais uma vez como uma ferramenta potente ofertada pelo feminismo negro.

Nesse contexto, é comum que qualquer comportamento básico direcionado ao reconhecimento da relação de trabalho, como os empregadores cumprirem todos os direitos legais estabelecidos, ou simplesmente tratarem as trabalhadoras com respeito, ou propiciar a elas qualquer tipo de acesso a bens materiais, como a alimentação, passe a ser entendido como um ponto positivo daquela relação de trabalho. Retomo aqui um trecho de uma fala de Aparecida sobre o trabalho doméstico como dispositivo de poder, quando afirma que "o lado bom de ser doméstica é que... quando a gente é mais pobre, a gente fica tendo assim mais certas coisas, né? Tipo assim [pequena pausa] uma comida diferente, alguma coisa assim né? E aprender alguma coisa nova".

Eu não consigo passar por esse trecho sem ter os olhos marejados. Esses acessos deveriam ser um direito de Aparecida, e não um bônus da relação de trabalho. Era exatamente assim que eu me sentia, quando criança, sobre tentar ver algo "bom" vindo do trabalho da minha mãe. Eu sempre gostava de poder comer "coisas diferentes e boas" que faltavam na minha casa, embora sempre tenha valorizado toda a prática linda de cozinha da minha mãe em nosso lar. Todo esse processo que mascara o direito de algo dificulta o sentimento de pertença a um grupo e, consequentemente, de possibilidade de enfrentamento coletivo em busca de justiça.

DISCURSOS CLASSISTAS SOBRE TRABALHADORAS DOMÉSTICAS

"Todo mundo indo pra Disneylândia, empregada doméstica indo pra Disneylândia, uma festa danada", essa foi uma fala do atual Ministro da Economia, Paulo Guedes, em fevereiro de 2020, ao fazer críticas ao dólar baixo. As evidências subjetivas dos sintomas de Casa Grande são ainda muito fortes no Brasil. Destinos de trajetória de vida considerados certos para a classe trabalhadora nos são colocados como condicionamentos estruturais distintos desde a infância.

> "E o seu filho, assim, quais as perspectivas que cê tem pra ele?
> Ah, ele, tudo de bom. Ele faz curso... ele faz o curso dele. Uhum. Tá no nono ano já, né. Tá estudano, tá no nono ano. Aí ano que vem ele termina o curso dele... e trabalhá. Em janeiro agora já vô corrê atrás pra ele, que ele vai fazer quinze, né, já tá na idade. Aí corrê atrás de serviço pra ele". (Lúcia, 2013)

Essa fala de Lúcia é muito representativa desses condicionamentos, uma vez que seu filho, de 14 anos, já "estaria na idade" de trabalhar, ao invés de pensar em estudar mais para investir em uma educação superior. As estruturas condicionam possibilidades desiguais pautadas nas pertenças de classe, raça e gênero. Relativamente a gênero, há alguns anos, as primeiras oportunidades de trabalho para as meninas seria o serviço doméstico, muitas vezes "herdando" a função da mãe nas casas de famílias.

Até na periferia há fenômenos de trabalhadoras domésticas a serem observados, como a subcontratação da atividade doméstica, que ocorre quando meninas e mulheres cuidam de filhos de outras trabalhadoras para que essas possam ir trabalhar. A função das creches improvisadas é pauta da publicação do IPEA de Luana Pinheiro et al. (2019), ao refletirem sobre os desafios do trabalho doméstico no século 21. As autoras chamam a atenção para a "expressiva desigualdade de renda que permite que trabalhadoras assalariadas contratem e remunerem com seus salários outros trabalhadores".

Nesse contexto, gênero assume um lugar importante na consideração ampla de como posicionar a questão da classe para além de dados de renda e acessos a bens materiais. Há dinâmicas do cuidado interligadas de modo estrutural às mulheres. Sabemos que a maternidade solo é uma realidade mais abrangente do que a da paternidade solo. E isso faz com que a condição socioeconômica seja atravessada por gênero e maternidade.

É preciso ressaltar aí como a solidão da mulher negra, seu preterimento nos relacionamentos afetivos, mas acolhimento no mercado do sexo e no trabalho doméstico ou precário (ALVES, 2020), afeta as existências dessas mulheres. A isso soma-se o envelhecimento da categoria: anos de ausência de possibilidades de autocuidados, e o peso de diversas doenças crônicas que assolam em grande escala a população negra. São diárias realizadas mesmo depois de aposentadas, como relatou uma das entrevistadas, aos quase 60 anos de idade. A atriz Jeniffer Dias, no dia 27 de abril de 2020, considerado o "dia da empregada doméstica",[9] fez uma homenagem em seu perfil no Instagram a sua Vó Ana que, em uma trajetória de 50 anos como trabalhadora doméstica, a partir dos 12 anos, afirma: "aposentei e continuei fazendo uns bico".

---

11. 27 de abril é considerado o "dia das empregadas domésticas" porque é quando Santa Zita, declarada pela Igreja Católica como a "Santa das Empregadas Domésticas", morreu. A italiana Zita foi trabalhadora doméstica dos 12 anos até sua morte. Trabalhou 48 anos para uma mesma família. Relata-se que, após uma vida praticando o bem às pessoas, foi canonizada ao se atribuir a ela mais de 100 milagres. Seu corpo, exumado 308 anos após sua morte, não estava decomposto. Hoje está mumificado e exposto numa basílica em sua cidade natal.

Sobre as relações entre gênero e classe, as discussões que bell hooks (2018) faz, embora a partir de um contexto que não o brasileiro, nos ajuda a ligar essa discussão sobre as vulnerabilidades da mulher negra, e da trabalhadora doméstica negra, com a demanda por políticas públicas que considerem esses recortes interseccionais. hooks recupera as discussões de classe e feminismo dos anos 1970 que tratavam classe para além do aspecto relacionado a dinheiro, e cita Rita Mae Brown, quando afirma que: "a classe envolve seu comportamento, seus pressupostos básicos, como você é ensinada a se comportar, o que você espera de si e dos outros, seu conceito de futuro, como você entende os problemas e os soluciona, como você pensa, sente, age". Poderíamos, nesse sentido, dizer que classe é um dispositivo de poder que organiza performances de nossas subjetividades.

bell hooks (2018) nos auxilia na discussão das associações entre feministas e lutas classistas ao evidenciar que a pauta de classe esteve presente no movimento feminista antes da racial, em virtude do reconhecimento por parte de mulheres brancas trabalhadoras da desigualdade de classes dentro do movimento. bell hooks lembra que, enquanto uma das demandas das mulheres de classes privilegiadas era romper com seu confinamento em casa, a maioria das mulheres era da classe trabalhadora. Para ela, "não foi a discriminação de gênero nem a opressão sexista que impediram mulheres privilegiadas de todas as raças de trabalhar fora de casa. Foi o fato de os trabalhos disponíveis para elas terem sido os mesmos trabalhos de mão de obra não qualificada e pouco remunerada disponíveis para todas as mulheres trabalhadoras. [...] Somente mulheres privilegiadas tiveram o luxo de imaginar que trabalhar fora de casa iria realmente proporcionar ganho suficiente para permitir que fossem economicamente autossuficientes. As mulheres da classe trabalhadora já sabiam que o salário recebido não iria libertá-las".

Além disso, hooks (2018, p. 55??) enfatiza que as mulheres de classe privilegiada lutaram por igualdade dentro de um padrão do acesso a que os homens da mesma classe tinham, e não em relação aos acessos dos homens da classe trabalhadora. Ela mostra que as conquistas de postos de trabalho pelas mulheres ricas fizeram com que as lutas de classe dentro do feminismo perdessem força.

> [...] raramente promoveram mudanças para os grupos de mulheres pobres e da classe trabalhadora. E, como os homens privilegiados não se tornaram igualmente responsáveis pelas tarefas domésticas, a liberdade de mulheres de classe privilegiada de todas as raças exigiu a subordinação sustentada das trabalhadoras pobres.

> [...] Mulheres da classe média e da classe média baixa, que de repente se sentiam compelidas [...] a entrar no mercado de trabalho, não se sentiram libertadas, uma vez que encaravam a dura verdade de que trabalhar fora de casa não significava que o trabalho dentro de casa seria igualmente compartilhado [...].

É necessário evidenciar que "uma crescente divisão de classe separa as inúmeras mulheres empobrecidas de suas companheiras privilegiadas", segundo bell hooks (2018, p. 66). Discutir trabalho doméstico remunerado é compreender que, por mais que discutamos as mudanças que devam ocorrer relacionadas à ocupação, o fato é que mulheres negras e empobrecidas seguem vulneráveis. Elas não contam com mecanismos de assistência social, de investimento em educação infantil, creches e políticas públicas destinadas à renda básica. A discussão permanece incompleta, pois ela não é de ordem apenas individual ou do seio estrito das relações interpessoais e familiares, é uma questão de esfera pública. hooks (2018, p. 66) argumenta que

> a pobreza se tornou uma questão feminina central. Tentativas patriarcais capitalistas de supremacia branca para desmanchar o sistema de assistência social em nossa sociedade privarão mulheres pobres e indigentes do acesso às necessidades mais básicas da vida: abrigo

e comida. Na verdade, retornar ao lar fundamentado na dominação masculina patriarcal em que homens são provedores é a solução oferecida a mulheres por políticos conservadores, que ignoram a realidade do desemprego em massa – tanto de mulheres quanto de homens –, o fato de que simplesmente não há emprego e que vários homens não querem sustentar economicamente mulheres e crianças, mesmo que tenham salário.

Para a autora, a dimensão econômica pode ser um dos pontos de conexão entre as mulheres para a organização coletiva (HOOKS 2018). E essa conexão precisa ser realizada sem os apagamentos da história de nossa sociedade. Ela também perpassa a necessária ocupação de espaços pelas mulheres negras e por aquelas no poder público, uma vez que historicamente decisões que pautam diretamente suas vidas tenham sido tomadas por uma maioria masculina. As políticas públicas do cuidado precisam pautar tanto a oferta de aparelhos públicos de qualidade, como a garantia da valorização do trabalho doméstico remunerado.

Na aprovação em primeiro turno da PEC das Domésticas pela Câmara dos Deputados, em novembro de 2012, o então deputado Jair Bolsonaro, proferiu, de acordo com o site oficial da Agência Câmara de Notícias, as seguintes palavras: "Pela PEC, eu vou ter de pagar creche para a babá do meu filho.

A massa de trabalhadores do Brasil não tem como pagar isso". O então deputado não registrou seu voto. Na aprovação em segundo turno, em dezembro do mesmo ano, o deputado Bolsonaro foi um dos dois únicos votos contrários. Esse pensamento demonstra a ideia de uma economia do cuidado restrita e disponível apenas à determinada classe, excluindo as trabalhadoras domésticas do acesso à creche pública, institucionalizando a desproteção.

No contexto dos debates da PEC das Domésticas, as implicações das decisões sobre a Previdência Social também fizeram parte das negociações que a deputada Benedita da Silva, relatora da PEC, tinha que fazer com o governo federal, em virtude do impacto das alterações sobre os gastos da Previdência (AGÊNCIA CÂMARA DE NOTÍCIAS, 2012). Nesse mesmo sentido, considerando as interseccionalidades entre raça e classe, e que as políticas de austeridade são políticas de "rigor no controle de gastos frente sua arrecadação" (QUEIROZ, 2012), uma pauta antirracista de governo seria uma pauta de defesa dos direitos trabalhistas das trabalhadoras domésticas e dos trabalhadores em geral como prioridade para pontos de partida de decisões que envolvam diversas facetas dos trabalhos precários de bases escravocratas, ainda hoje.

O contexto da pandemia de covid-19, por exemplo, essa precariedade foi escancarada. Conforme relatado pela Fenatrad, em março de 2020, foi lançada "a campanha 'Cuida de quem te Cuida', pedindo proteção à categoria, e que os empregadores domésticos liberassem as trabalhadoras, mantendo o pagamento de seus salários. No mesmo mês, foi lançado um abaixo-assinado de filhas e filhos de trabalhadores domésticas, pedindo que suas mães pudessem fazer a quarentena em casa, de forma remunerada. Houve ainda a polêmica dos decretos estaduais que consideraram o serviço doméstico como essencial na pandemia. Eles vão contra a Lei Federal 13.979, de 2020, e a Nota Técnica número 4 do Ministério Público do Trabalho".

Milca Martins, secretária-geral do Sindicato dos Trabalhadores Domésticos da Bahia (Sindoméstico), traz outro relato importante para configurar esse contexto de vulnerabilidade da vida das trabalhadoras domésticas em meio à pandemia.

> "Há cerca de duas semanas, uma moça chamada Amanda me enviou uma mensagem pelo whatsapp. Amanda é trabalhadora doméstica em Salvador. Por quase três anos, prestou serviços na mesma residência – dormia na casa dos patrões de segunda a sábado. Esteve sempre à disposição da família que a empregava, numa jornada diária que se estendia para muito além das oito horas definidas por lei. No dia em que Amanda me procurou, ela acabara de ser

demitida. A patroa manifestara sintomas da covid-19 [...]. Responsabilizou Amanda pela doença. Amanda usava o transporte público para chegar ao trabalho. Segundo a patroa, representava um risco para ela, que se isolara para se proteger. A empregada não recebeu verbas rescisórias nem o pagamento pelo último mês de trabalho (Milca Martins, secretária-geral do Sindicato dos Trabalhadores Domésticos da Bahia, o Sindoméstico, em relato publicado em abril de 2020 ao Brasil de Fato). (FENATRAD, 2020)

E quem cuida das crianças das trabalhadoras? Marta Alves, avó de Miguel, que revezava o serviço doméstico com sua filha Mirtes na casa de Saori Corte Real e Sérgio Hacker, em Recife, disse, em entrevista ao *Fantástico* (2020), depois de a criança cair do prédio onde a patroa morava: "eu dei 6 anos da minha vida para os filhos dela, ela não conseguiu dar 10 minutos para o meu neto".

Em alguns países da América Latina, as situações de precariedade se repetem, pois há uma parcela significativa de diaristas e, com a pandemia de covid-19, a situação tanto de desemprego como de exposição à doença pelas trabalhadoras foi e tem sido preocupante, como afirma a presidenta da Federação Internacional das Trabalhadoras Domésticas (FIT), ao *podcast* do projeto Cuidar, Verbo Coletivo, em junho de 2020.

Essa lógica de essencialidade no contexto da pandemia nada tem a ver com o reconhecimento da importância do trabalho doméstico, mas com a permanência da essencialidade das colonialidades de poder. Muitas trabalhadoras domésticas ficaram desamparadas no contexto da pandemia. A Fenatrad trabalhou intensamente na arrecadação de cestas básicas, kits de higiene, e no reforço a campanhas de incentivo à dispensa da trabalhadora doméstica mantendo a remuneração durante os meses de lockdown em 2020. Todo esse cenário amplifica o quadro de vulnerabilidade vivenciado por essas mulheres mesmo fora do contexto da pandemia.

Essa vulnerabilidade ficou muito evidente no relato de uma das trabalhadoras domésticas entrevistadas. Aparecida, então com 58 anos, contou que trabalhou como mensalista para uma mesma família por três décadas. Quando o último morador da casa, um idoso, foi levado para um abrigo pela família, ela perdeu o emprego. Então, começou a trabalhar para uma república de 12 estudantes universitários. No início, Aparecida recebia um salário-mínimo e mais 150 reais. Chegou a dizer aos estudantes que iria sair do serviço porque era muito trabalho e ela não estava dando conta, pois tem problemas de circulação nas pernas que lhe causam dores constantes. Eles decidiram que iriam lhe pagar 300 reais a mais do que o salário-mínimo, e que ela poderia fazer o serviço no seu ritmo.

Aparecida decidiu, então, continuar. Entretanto, os rapazes nunca registraram, em carteira, o valor extra ao salário-mínimo, estratégia muito comum por parte de contratantes. Dos lugares de vulnerabilidade em que se encontram as trabalhadoras, é muito comum que aceitem a condição. Pois as necessidades de suprir as demandas de sobrevivência imediata falam mais alto.

No entanto, após um tempo pagando os 300 reais, ela conta que eles a procuraram dizendo que estava ficando muito caro. Propuseram pagar um salário registrado na carteira, 50 reais a mais, e não descontar do seu pagamento os 8% relativos ao INSS, o que ficaria integralmente por conta deles. Nessa negociação individualizada das relações de trabalho, Aparecida então aceitou a proposta e continuou. Os relatos de Aparecida mostram como os jovens da república reproduziam a naturalização de uma subalternidade que é repassada aos filhos das famílias empregadoras, desde a infância, e seu quadro paradoxal cotidiano de precariedade. Enquanto lavava vários banheiros na república estudantil, não tinha sequer um banheiro em sua própria casa.

"É. Assim tem três cômodo né? O quarto, a sala e a cozinha. E onde que era o banheiro, lá só tem um vaso só, nunca teve chuveiro não. Então três cômodo, então tem que fazer o quê? Xixi, pra não levantar de madrugada, faz xixi no potinho de sorvete e depois no outro dia de manhã joga no banheiro. Sai lá fora, joga no banheiro. É assim. E cocô faz lá na casa da minha irmã. **E o [marido]?** Ele faz lá mesmo, no banheirinho que tá lá, um vaso que tá lá, um vaso só que tá lá, mas eu não vou lá não porque lá é muito feio, sabe? Só vou lá pra despejar o xixi. Entendi. Então cê fica entre a sua casa e a casa da sua irmã, que tão morando as suas duas filhas hoje? Uhum. É. Teve um dia, minha fia, um moço, é... a gente tem esse negócio de benefício da Cemig, sabe como é, quando gasta pouco? O moço foi lá olhar, assim porque eles tava pesquisando quem, as pessoa que mora na cidade e gasta pouco né, energia elétrica, porque lá paga pouquinho. Então o moço tava pesquisando, pra ver se é verdade, né? Aí ele ficou bobo de saber que não tinha banheiro. Falei assim não, as coisa que a gente faz é no pote, despeja lá naquele vaso lá, e depois banho eu tomo lá na casa da minha irmã, ajudo a pagar a Cemig, e o [marido] toma lá mesmo. Aí toma de canequinha. Agora xixi é assim, no potinho depois joga no banheiro". (Aparecida). (TEIXEIRA; SILVA, 2020, p. 202-216)

Além desses paradoxos que sintetizam quais são as desigualdades sociais em nosso país, essas mulheres convivem, nas relações de trabalho, com uma série de discursos classistas sobre si, e sobre seu grupo familiar. São várias as suposições e preconcepções estruturalmente orientadas que demonstram que classe funciona como um dispositivo de poder que organiza expectativas de performances dos *sujeitos*. Jacyara relata que trabalhou por seis meses em uma casa e todos os dias ouvia da patroa reclamações sobre objetos e peças de roupa que haviam sumido, deixando a trabalhadora constrangida com as insinuações de roubo. "É muito humilhante quando as patroas 'testam' a gente, deixando dinheiro à mostra pra ver se some. Honestidade é muito importante. Eu fico tão chateada que tenho vontade de não trabalhar mais de empregada doméstica. Às vezes até choro, mas a gente precisa trabalhar, né?"

Sobre essas construções ligadas à classe, também perpassam conceitos racistas que podem ser compreendidos, por exemplo, a partir das seguintes chaves de análise: (1) a perspectiva que considera o mito negro construído pelo branco e discutido pela psicanalista Neusa Santos Souza (1993) como aquele que almeja, para as pessoas negras, um padrão construído pelo branco; (2) as fantasias que a branquitude constrói em relação às pessoas negras, e que são discutidas por Grada Kilomba (2019), e retomadas pela professora e Doutora em Administração Josiane Oliveira (2020) de maneira interligada aos estudos sobre raça, organizações e trabalho; (3) as heranças escravocratas, baseando-se nas premissas coloniais discutidas por

Frantz Fanon (1968, p. 135), psiquiatra, ensaísta e militante político ao lado da Frente de Libertação Nacional da Argélia (FLN), de que os colonizados eram sempre invejosos e que queriam estar no lugar dos colonos ao menos por um dia; (4) a perspectiva do empoderamento da arquiteta e ativista negra Joice Berth (2020), que chama a atenção para a indução a se pensar empoderamento como o acesso ao padrão do opressor. Sobre esse último aspecto, observa-se o quanto o padrão classista de definição "do outro" é uma prática enraizada no contexto da branquitude na postagem de uma patroa em uma rede social, comentando o comportamento da diarista.

> "Eu era recém casada e não trabalhava ainda. Tinha uma faxineira e naquela época eu estava fritando os bifes e perguntei como ela gostava, se bem ou mal passado. Ela respondeu. Coloquei a mesa e naquela época eu sentava com ela para almoçarmos juntas (meu marido estava trabalhando). Era um bife de contra filé de dois dedos de altura, suculento, uma delícia. Ela foi comendo as outras coisas e não comeu o bife. Aí eu perguntei por que e ela respondeu que não comia bife se não fosse acebolado. Cara, aquilo me deu uma raiva. Não tinha nem o que comer direito em casa. Nunca deve ter visto um bife daquele! Um verdadeiro Chorizo argentino! PQP. É fogo mesmo!" (Lúcia)

Fonte: Teixeira, 2013, p. 54

Essa construção de que o acesso ao padrão do opressor não poderia ser negado, por direito, pelas trabalhadoras domésticas também pode ser entendido a partir da abordagem de Neusa Santos Souza sobre o mito de que o negro, em qualquer possibilidade de prática que simbolize ascensão social, tenha que fazê-lo a partir dos esquemas da branquitude. A naturalização da desigualdade faz parte desse processo ("não tinha nem o que comer direito em casa") e existe, neste e em outros relatos, um ódio de classe muito perceptível ao se instarem a uma convivência com quem queriam distância para a manutenção de seus privilégios de não terem que limpar a sujeira que produzem.

> "[...]Ter empregada hoje em dia, ANTI-ECOLÓGICO até! Devido ao desperdício a que elas estão habituadas em praticar em suas casas e, por consequência, na casa delas TAMBÉM!!! Sim!!! Por elas não saberem, nem desejarem economizar nada em nossas casas elas TAMBÉM NÃO O FAZEM EM SUAS PRÓPRIAS CASAS!!! Daí a razão de, por mais que ganhem bons salários NUNCA SAEM das favelas. Vcs já notaram isto? Por mais que os patrões ajudem, pageum bem, deên-lhe presentes, roupas etc? Elas vivem na mais completa miséria. SEMPRE!!! [...] E vcs patroas? Iludidas? Acreditam que ESTAS criaturas LIMPAM SUAS CASAS??? É de morrer de rir!!! Pensem: se a casa DELAS PRÓPRIAS é um lixo e uma imundicie só... elas irão limpar

as vossas??? Reflitam sobre isto! Melhor ainda: qdo admitirem uma empregada, VISITEM-NA DE SURPRESA um dia... vcs VOMITARÃO de nojo!!! E... É ESTA fulana que limpa a SUA CASA, ma chèrie!!! Kkkkkkkk" (Thaís)

Fonte: Teixeira, 2013, p. 54

"[...] se EU fosse ladrão? Seria a coisa mais fácil do mundo roubar casa de rico! Era só fingir que estava interessado na empregada e pronto! Elas me dariam o 'serviço' da casa direitinho! Vcs já notaram que TODA CASA ASSALTADA TEM EMPREGADAS? Seria 'mera coincidência?' Hum, hum, hum. Ter empregadas hoje e no passado? SEMPRE foi fator de risco p/ a segurança da família! Que tal vcs observarem-nas qdo estão varrendo calçadas? Deixam o portão escancarado e vão andando e varrendo pra lonnnnnnge do portão! Vcs já observaram que a maioria dos assaltos, o ladrão 'rendeu a empregada?' qdo ELA estava pondo o lixo! Qdo ELA estava varrendo a calçada! Qdo ELA estava chegando! Qdo ELA estava saindo! [...] por uma razão simples: a SUA casa? NÃOOOOOOO ÉEEEEEE A CASA DELAAAAAAAA! Elas têm a LÍNGUA COMPRIDA! [...] e isto qdo ELAS PRÓPIAS não são as MENTORAS do assalto, tá legal? Pq? Pq elas são HUMANAS e HUMANOS SÃO, NA MAIORIA, INVEJOSOS! Elas cuidam de coisas em nossas casas que JAMAIS TERÃO! E isto, por si só, já é motivo de inveja!" (Bete)

Fonte: Teixeira, 2013, p. 49.

"Semana passada eu fui ao médico e ficamos a consulta toda falando de empregadas. Ele disse que comprou um apartamento que tinha um banheiro de empregada e ele mandou quebrar e fazer uma despensa. A tia dele brigou dizendo que ela ia usar o dele. Ele respondeu: 'Tia, eu e minha esposa ficamos fora o dia todo. Vc acha que ela aqui sozinha, quando dá vontade de ir ao banheiro, vai sair lá de dentro e ir ao banheiro dela? É claro que não, então para que vou perder o espaço que preciso para deixar um banheiro de enfeite' [...] Completamente certo. Elas usam o nosso mesmo!!! É só ver o consumo de papel higiênico! E para piorar, se na sua casa não puder jogar o papel no lixo, fica pior pois elas jogam no vaso para não deixar rastro." (Vera)

Fonte: Teixeira, 2013, p. 61.

"A minha faltou DOIS DIAS SEGUIDOS... sabendo q minha mãe teve derrame, tah em recuperação e naum pode fikar sozinha, (portanto EU tive que cancelar meus compromissos pra fikar com a minha mãe e quase perdi dois clientes). E sabem por quê? Porque o filho da FDP da minha empregada, que tem OITO anos tah com problemas psicológicos... E ondi jah se viu crinaça pobre ter problema psicológico??? Essa vagaba vai pra rua assim que eu conseguir outra... Pq NINGUÉM merece uam empregada como essa..." (Estela)

Fonte: Teixeira, 2013, p. 61.

Classe, como podemos perceber, e como define a pesquisadora Carla Akotirene (2020), é "coparticipante da raça vivida". É, pois, categoria fundamental para a compreensão das estruturas que envolvem o trabalho doméstico e os dispositivos que permeiam a vida das trabalhadoras e de seus familiares. Não é só na conta de classe, como nos pode fazer crer o discurso presente na última Figura, que se nega o direito inclusive ao diagnóstico de problema relacionado à saúde mental para a "criança pobre".

RACISMO ESTRUTURAL E BRANQUITUDE NA COMPOSIÇÃO DO TRABALHO DOMÉSTICO

Defendo a tese de que o trabalho doméstico seja uma versão atual da relação de trabalho escravocrata. Assim, estou falando de uma relação. Se é uma relação, ela envolve não só pensar os *sujeitos* racializados como negros a partir do racismo estrutural, mas também o outro lugar estrutural dessa relação: o da branquitude. Assim como falar de relações raciais sem entender que o "branco tem raça", como frisa Silvio Almeida (2020), não é falar de relações, mas apenas de um polo, falar de relações de trabalho envolve também, para além de colocar a trabalhadora doméstica como protagonista da história, falar sobre os contratantes dessas trabalhadoras (que inclusive têm dificuldade de se reconhecer como tal, já que têm dificuldade de reconhecer que existe uma relação de trabalho). Falamos de um grupo cuja estatística e historicidade nos permite falar hegemonicamente de um lugar social da branquitude. Enfatizar apenas um polo, e tomar o negro como objeto-tema, é algo muito comumente empreendido por pesquisadores brancos quando desejam estudar raça, como se o negro fosse o problema, e não o racismo, como frisam Grada Kilomba (2019) e Josiane Oliveira (2020). Por isso, falar de branquitude é importante. Angela Davis (2016, p. 104) nos ajuda nessa discussão ao dizer que

> "as mulheres brancas – incluindo as feministas – demonstraram uma relutância histórica em reconhecer as lutas das trabalhadoras domésticas. Elas raramente se envolveram no trabalho de Sísifo que consistia em melhorar as condições do serviço doméstico. Nos programas das feministas "de classe média" do passado e do presente, a conveniente omissão dos problemas dessas trabalhadoras em geral se mostrava uma justificativa velada – ao menos por parte das mulheres mais abastadas – para a exploração de suas próprias empregadas".

Podemos relacionar essa recusa histórica ao reconhecimento de que determinadas lutas negligenciaram as trabalhadoras domésticas, o que a doutora em Psicologia Social Maria Aparecida Bento (2002) chama de pacto narcísico da branquitude, que faz com que o privilégio racial não seja assumido e, se feito, não envolva os reais enfrentamentos que provoquem deslocamentos desses privilégios. O pioneirismo da discussão sobre a identidade racial branca está em autores como Du Bois (1977 [1935]), Frantz Fanon e Steve Biko, além dos *critical whiteness studies*, estudos vindos de centros norte-americanos de pesquisa que se dedicaram a compreender a branquitude. O historiador Lourenço Cardoso (2010, p.607-630) chama a atenção para o fato de que esses estudos se localizam também na África do Sul, Inglaterra, Austrália e Brasil. No caso brasileiro, Lourenço defende que analisemos o papel do opressor, além do oprimido, especificamente sobre o conceito branquitude.

Um autor pioneiro que se tem como base para os estudos da branquitude foi o sociólogo e político Guerreiro Ramos. Os pesquisadores Maycon Silva, Josiane Oliveira, Josiane Gouvêa e Vinicius Galante (2020), ao proporem de modo pioneiro dentro do contexto específico dos estudos do campo da Administração a discussão sobre o conceito de branquitude, enfatizam a importância de Guerreiro Ramos no Brasil ao discutir sobre a patologia do branco brasileiro, e a relevância da discussão racial a partir da reflexão sobre os privilégios das pessoas brancas no Brasil.

Seguindo esse mesmo direcionamento, Josiane Oliveira e Josiane Gouvêa (2020) analisaram, inspiradas no conceito de pacto narcísico da branquitude, como as influências da branquitude estão presentes nas experiências de contato das mulheres negras com seus campos de pesquisas, a partir de dinâmicas como as do silenciamento racial, e da negação do racismo. E isso envolve os tensionamentos presentes na produção de conhecimento sobre raça no Brasil. O silenciamento racial e a negação do racismo evidenciados pelas autoras são reforçados pela discussão de Guerreiro Ramos, quando analisa o comportamento das pessoas brancas brasileiras, cujas subjetividades foram formadas em um contexto racista.

Guerreiro (OLIVEIRA; GOUVÊA, 2020) discutia como as pessoas brancas brasileiras se negavam a serem equiparadas de qualquer modo às pessoas negras. Segundo o autor, pesava para esse comportamento o pertencimento a um país periférico, o que deixava os brancos em situação de ter de provar sua superioridade, ameaçada pelas marcas da própria construção do Brasil. Povos negros e indígenas, entendidos como racialmente inferiores, poderiam macular esse pertencimento, colocando essas pessoas brancas sob a instabilidade de seu sentimento coletivo de superioridade.

Sobre branquitude, Cardoso (2010, p. 607-630) fala da existência de um consenso de que a identidade branca seja diversa. Partindo desse pressuposto, pode ser definida como a identidade racial branca que passa por alterações a depender de marcações temporais, históricas e geográficas. Assim como negro foi considerado um lugar social pelo historiador Joel Rufino dos Santos (1999, p. 110-54), a branquitude também se refere a um lugar. Trata-se de um lugar estrutural de conforto e de opressão que naturaliza a existência de outro polo oprimido e não confortável, moldando como o opressor analisa a si mesmo e aos outros. Esse lugar diz respeito à assunção histórica de privilégios estruturais, objetivos, subjetivos, econômicos e simbólicos. E contribui para a desigualdade estruturada em torno de uma diferença – a racial, ao redor da qual se organiza e suporta a manutenção do racismo estrutural (ALMEIDA, 2020; CARDOSO, 2010; FRANKENBERG, 1999; BENTO, 2002).

Silvio Almeida (2020) aborda o que chama de três concepções do racismo: individualista, institucional e estrutural. A perspectiva individualista não permite que enxerguemos a existência de uma estrutura de sociedade racista, pois ela parte de um prisma em que se reconhece o racismo presente nos comportamentos individuais ou de grupos isolados. É a manifestação do preconceito, e da discriminação indireta ou direta. Socialmente, é mais entendido como um fenômeno psicológico. Portanto, facilmente justificável a partir de nossa história. Silvio destaca que tende a ser tratado como uma patologia ou um crime. Mas, tomada como única perspectiva, gera mecanismos de resistência ou combate apenas isolados.

A concepção institucional, por sua vez, é entendida pelo autor como algo que vai além de localizar racismo em comportamentos individuais ou grupais. Sendo "resultado do funcionamento das instituições, que passam a atuar em uma dinâmica que confere, ainda que indiretamente, desvantagens e privilégios com base na raça" (ALMEIDA, 2020, p. 37-38). Essa perspectiva avança no sentido de contemplar que, além das manifestações individuais, o racismo é sustentado por relações de poder que se valem do aparato institucional.

Silvio fala do racismo como integrante da própria ordem social. A organização dessa branquitude envolve a negação do grupo como racializado: é como se o branco não tivesse raça, e como se raça fosse um marcador identitário apenas para os negros. Essa constatação pode ser reforçada pela expressão "pessoas de cor", largamente difundida em estudos raciais em contextos europeus e norte-americanos. O branco, nesse sentido, se assume como pessoa com "ausência de cor". Ao fazê-lo, "a branquitude procura se resguardar numa pretensa ideia de invisibilidade, ao agir assim, ser branco é considerado como padrão normativo único", de acordo com Cardoso (2020, p.607-630). O autor contribui ao debate com sua análise do que chama de dois tipos de branquitude:

> [...] a branquitude crítica que desaprova o racismo 'publicamente', e a branquitude acrítica que não desaprova o racismo, mesmo quando não admite seu preconceito racial e racismo. A branquitude acrítica sustenta que ser branco é uma condição especial, uma hierarquia obviamente superior a todos não brancos. Quando me refiro à aprovação e desaprovação pública, pretendo chamar a atenção para a seguinte ocorrência: nem sempre aquilo que é aprovado publicamente é ratificado no espaço privado. Por vezes, é desmentido, ironizado, minimizado, principalmente, quando se trata das questões referentes ao conflito racial brasileiro. [...] Portanto, ciente da tarefa complexa que é desvelar a dissimulação do preconceito racial e do racismo por parte dos brancos em nossa sociedade, somente considerei branquitude crítica aquela que desaprova o racismo publicamente. (CARDOSO, 2008; 2010)

A diferenciação entre esses dois conceitos é relevante para o contexto nacional, em que se construiu o humanismo racial brasileiro, discutido pelo doutor em ciências jurídicas Adilson Moreira (2013). Moreira observou que o "mito da democracia racial" no país envolve a construção pública e aparente de um compromisso da população brasileira com a igualdade racial. Ele discute como a miscigenação construiu a ideia de que brasileiros não operam as classificações raciais, mas uma identificação nacional e, portanto, comparativamente a contextos como o da segregação como política pública nos Estados Unidos, não teríamos conflitos raciais e seríamos moralmente superiores. Os brasileiros teriam como marca identitária a cordialidade. Nesse contexto, afirmar a diferença racial ou reconhecer o racismo como estruturante da nossa sociedade seria torná-lo relevante e, portanto, envolveria revisar as dinâmicas dos argumentos de nosso humanismo racial.

O contexto do posicionamento que se assume diante do racismo envolve a consideração de Silvio Almeida (2020) de que reconhecer o racismo estrutural não isenta responsabilidades individuais, e nem deve colocar a estrutura como algo fixo, não passível de mudança, por ser ela mesma uma construção histórica, social e política.

Nesse processo de reconhecimento ou não, classificar como chave analítica a branquitude entre acrítica e crítica, sem perder de vista as diversidades possíveis nesses dois polos, como nos ensina Lourenço Cardoso (2010, p. 607-630), seria não só questionar o humanismo e a cordialidade, como colocar a branquitude num lugar desconfortável, algo a que ela não está condicionada em suas subjetividades, inserida numa estrutura que reforça seus privilégios. Isso nos ajuda a compreender que, mesmo a branquitude crítica, que reconhece a existência do racismo, e se opõe publicamente a ele, ainda guarda um significativo distanciamento das alterações de padrões de comportamento. É muito comum o descompasso entre suas posições públicas contra o racismo e seu comportamento no espaço privado, como salienta Lourenço Cardoso (2010, p. 607-630). E é nesse ponto que Angela Davis (2016) ajuda a compreender a banalização do conceito de antirracismo, ao dizer "não basta ser contra o racismo, é necessário ser antirracista". Operando interlocuções analíticas, poderíamos dizer que o conceito de branquitude crítica envolveria um caminho para a postura antirracista, mas ainda distanciado dele.

Relacionando a chave teórica da branquitude acrítica ao contexto do trabalho, falamos de uma branquitude que naturaliza uma estrutura em que a população negra ocupa majoritariamente os postos mais precários de trabalho, o espaço da servidão: aquele trabalhador que serve. Essa naturalização é reforçada pela primazia do liberalismo e do neoliberalismo como ideologias do nosso capitalismo, que corroboram para a responsabilização dessa população negra pela precariedade estrutural que lhe é conferida. E isso envolve tanto a recuperação que a branquitude como um todo faz da ideia de inferioridade da raça negra, seja num nível consciente, subconsciente, ou de inconsciente coletivo – que atribui menor capacidade e intelectualidade às pessoas negras – como a manutenção da reivindicação do humanismo racial. Esta última, por sua vez, já seria algo contestado pela branquitude crítica, ao reconhecer e se opor ao racismo, mas ainda não incorporar necessariamente uma postura antirracista em suas práticas e discursos.

Grada Kilomba (2019, p. 36-37) discute como a negação do racismo é parte de um processo histórico de construção da psique das pessoas brancas.

> [...] o *sujeito* branco de alguma forma está dividido dentro de si próprio, pois desenvolve duas atitudes em relação à realidade externa: somente uma parte do ego – a parte 'boa', acolhedora e benevolente – é vista e vivenciada como 'eu' e o resto – a parte 'má', rejeitada e malévola – é projetada sobre a/o '*Outra/o*' como algo externo. O *sujeito negro* torna-se então tela de projeção daquilo que o *sujeito branco* teme reconhecer sobre si mesmo, neste caso: a ladra ou o ladrão violenta/o, a/o bandida/o indolente e maliciosa/o. Tais aspectos desonrosos, cuja intensidade causa extrema ansiedade, culpa e vergonha, são projetados para o exterior como um meio de escapar dos mesmos. Em termos psicanalíticos, isto permite que os sentimentos positivos em relação a si mesma/o permaneçam intactos – branquitude como a parte 'boa' do ego – enquanto as manifestações da parte 'má' são projetadas para o exterior e vista como *objetos* externos e 'ruins'. No mundo conceitual *branco*, o *sujeito negro* é identificado como o *objeto 'ruim'*, incorporando os aspectos que a sociedade branca tem reprimido e transformado

em tabu, isto é, agressividade e sexualidade. Por conseguinte, acabamos por coincidir com a ameaça, o perigo, o violento, o excitante e também o sujo, mas desejável – permitindo à branquitude olhar para si como moralmente ideal, decente, civilizada e [...] generosa.

Isso remete aos relatos de patroas sobre trabalhadoras domésticas a partir das estereotipias de ladras, sujas e criminosas. Kilomba (2019, p. 38) lembra que a branquitude é uma identidade relacional e dependente construída a partir da exploração da outra/outro. Assim, para ela,

> a *negritude* serve como forma primária de Outridade, pela qual a branquitude é construída. A/O '*Outra/o*' *per/se*; ela/ele torna-se através de um processo de absoluta negação. Nesse sentido, Frantz Fanon (1967, p. 110) escreve: 'O que é frequentemente chamado de alma *negra* é uma construção do homem *branco*". Essa frase nos relembra que não é com o *sujeito negro* que estamos lidando, mas com as fantasias *brancas* sobre o que a *negritude* deveria ser. [...] [o *eu branco*] espera pela/o negra/o selvagem, pela/o *negra/o* bárbara/o, por serviçais *negras/os*, por *negras* prostitutas, putas e cortesãs, por *negras/os* criminosas/os, assassinas/os e traficantes. Ele espera por aquilo que ele não é.

Se, por um lado, temos o que Maria Aparecida Bento (2002) chama de pacto narcísico da branquitude, que dificulta as alterações das dinâmicas nas quais se envolvem o trabalho doméstico, temos, de outro lado, trabalhadoras domésticas e seu lugar de negritude como um processo longo de ressignificação identitária e de enfrentamento das causas de uma aproximação tão forte e contínua com os padrões da branquitude por meio de seu trabalho cotidiano. Todo esse processo mina ainda mais as possibilidades de ascensão social às pessoas negras, uma vez que estão à margem ou fora do sistema por meio do racismo estrutural, que condiciona uma organização em que privilégios são alimentados a partir do trabalho de uma grande massa. E que elaboram inclusive modos de "ascensão" que representam, muitas vezes, um enorme endividamento para a população negra. Raça como organizador psíquico, usando a expressão de Carla Akotirene (20202), molda as maneiras pelas quais outros modos de organizar vão ser conduzidos na vida das pessoas negras.

Neusa Santos Souza (1993) discute o branqueamento do negro em processo de ascensão social, que foi levado a querer para si a construção de uma identidade branca, o que fornece pistas do processo narcísico estrutural abordado pela psicóloga e ativista Cida Bento (2002) e contribui para a construção dessa projeção pelo negro. É por isso que não se considera que uma trabalhadora possa rejeitar um bife de chorizo argentino ofertado por sua patroa. E é por isso que o clipe da música da novela "Cheias de Charme" traz as trabalhadoras projetando uma vida idêntica às de suas patroas.

Assim, discutir as assimilações do racismo nas subjetividades da população é extremamente importante. Elas afetam, inclusive, a população negra. Como ressalta o antropólogo Kabengele Munanga (2012), o racismo é um crime perfeito, contribuindo para a assimilação de inferioridade também por parte da população negra. Nesse processo, o conceito de negritude é potente ao ser ferramenta de ressignificação identitária dessa população. Pois as chances de que dinâmicas de empoderamento incentivadas (1) pelos diversos movimentos externos, (2) pelo crescimento desses debates, e (3) pelo movimento maior da geração de jovens atuais, seus filhos perpassem pelos padrões do opressor são ainda muito grandes, como nos lembra Joice Berth (2020). Nesse sentido, movimentos de resistência se encontram nas demandas de dar conta das próprias estratégias cotidianas, dos saberes ancestrais movidos diariamente por pessoas negras, além dos movimentos de consciência racial que elas carregam ao longo do tempo. É partindo dessas bases que a resistência é potencializada e, sobretudo, a partir de dinâmicas coletivas que possam romper com o padrão individualizado que a relação de trabalho doméstico assume.

Ao trazer o histórico do feminismo reformista, os escritos de bell hooks nos ajudam a pensar como a continuidade dos privilégios de classe associados ao poder branco faz com que o próprio feminismo reformista, ainda que tenha logrado contribuições específicas, tenha estado lado a lado com o "patriarcado de supremacia branca convencional", já que raça, classe e gênero como dispositivos de poder se intercruzam. Angela Davis (2016, p.105), ao discutir as dificuldades de luta pelos direitos das trabalhadoras domésticas, argumenta que "provavelmente enxergando sua criada como mera extensão de si mesma, a feminista dificilmente poderia ter consciência de seu próprio papel ativo como opressora".

É comum que a branquitude, definidora dos padrões almejados, espere que as pessoas negras estejam por perto para sugar aquilo que são seus privilégios quando, na realidade, elas são as reprodutoras dos privilégios que matam essas mesmas pessoas. Nesse sentido, quando trabalhadoras domésticas clamam por direitos, ou assumem relações mais autônomas de trabalho, vão ser lidas como aquelas que, hoje, "estão cheias de nove horas".

Entender o racismo como um conceito estrutural é muito importante, pois, mesmo ao falar de negritude enquanto um lugar que nos possibilita resistência, se contrapõe a uma estrutura, e não meramente a manifestações isoladas de preconceitos e de discriminações. E é aí que precisamos responsabilizar o lugar da branquitude nesse processo, uma vez que é comum que se relegue às pessoas negras a responsabilização da desestabilização, enquanto já sofrem com opressões estruturais interseccionadas em uma agressividade que pode ser observada em comunidades virtuais de patroas sobre trabalhadoras domésticas.

> "Eu já sofri tanto nas mãos dessas infelizes que desenvolvi algumas teorias a respieto do assunto.
>
> 1- Esse assistencialismo brasileiro acabou com a dignidade do pobre. Eles agora querem viver de bolsa família e similares. Ninguém quer trabalhar. Associado a isso a impunidade que leva a todos quererem se dar bem, ferrando o outro.
>
> 2- DNA – acredito que elas tragam no DNA memórias dos tempos da ecsrvidão. Elas adoram patroa que discrimina, paga mal, obriga a trabalhar muito e desrespeita seus direitos não assinando suas carteiras.
>
> Eu moro no interior e aqui aparece cada figura que trabalhou 10 anos ou mais numa casa sem ter carteira assinada e recebendo meio salário. Eu não entendo!!! Como fica??? Patroas que fazem elas comerem comida de empregada, horário extenso etc elas ficam 10 anos!!! Nós pagamos tudo, assinamos carteira e elas não ficam! Eu quero com certeza escrever um livro". (Tanessa)

Fonte: Teixeira, 2013, p. 58

O saudosismo das relações escravocratas fica evidente. O enunciado mostra como a branquitude opera num espaço em que se sente confortável (a comunidade) para expressar o que muitas vezes permanece velado nas relações sociais brasileiras. Outra publicação chama a atenção:

> "Vão por mim. É regra... vc tem que escravizar e ser bem má... eu faço isso e não me arrependo... gosto de pegar no sítio para morar na senzala (quer dizer na minha casa rsss)... quando começam ficar meio espertinhas descarto... nunca mais sofri... elas que sofram trabalhando 14 a 16 horas por dia..." (Anônimo) .

Fonte: Teixeira, 2013, p. 64.

O conceito de branquitude acrítica de Lourenço Cardoso (2010, p. 607-630) vai ao encontro desses depoimentos. E, como diz Lélia Gonzalez (1984), "acontece que a mucama 'permitida', a empregada doméstica, só faz cutucar a culpabilidade branca, porque ela continua sendo a mucama com todas as letras. Por isso ela é violenta e concretamente reprimida". Neusa Santos Souza (1993) fala da construção do mito negro como um instrumento ideológico, em que se estabelecem "determinações econômico-político-ideológicas e psíquicas" sobre a identidade dos negros. Sua função é ideológica, segundo a autora, porque recusa uma história de racismo e, ao fazê-lo, promove ilusões acerca dos negros.

A construção do mito negro tem a ver com um processo mais amplo e estrutural em que a própria intelectualidade branca construiu uma hegemônica mitificação da história da população negra, como salientou em 1974 a historiadora negra, professora e ativista sergipana Beatriz Nascimento (2006, p. 93-97). Todos esses discursos são reprodutores de violências porque são essencialistas, ou seja, reproduzem a construção da ideia de uma essência das trabalhadoras domésticas, como se houvesse apenas um modo de ser trabalhadora doméstica. É como se elas fossem uma identidade universal: aquela inferiorizada de diversas maneiras. E essa essencialização da trabalhadora doméstica carrega consigo essencializações do que são as mulheres negras e empobrecidas, ou seja, do que é a constituição de identidades em que se cruzam marcadores de diferenças transformadas em desigualdades: gênero, raça e classe.

Para falarmos de mudança, então, precisamos falar do racismo estrutural, e das necessárias mudanças interseccionais nele envolvidas. Pois é dentro de seus esquemas organizativos que a branquitude como lugar de privilégio numa estrutura desigual se formou, e continua a se formar. A partir desse entendimento, podemos discutir alterações do papel do Estado na sua atuação perante a população negra e, consequentemente, ao trabalho doméstico, enquanto atividade não só estatisticamente ligada a pessoas negras, mas também em seu sentido de imaginário social. É dever do Estado promover as mudanças que desviem os rumos de todo esse processo histórico discutido neste livro. E a concepção do racismo enquanto estrutura sociopolítica e econômica tem a capacidade não só de promoção dessas alterações em nível macro, como também alterações relacionadas aos efeitos de raça como organizador de subjetividades. Pois, quando o racismo é concebido como um sistema, ele é capaz de promover movimentos de resistência potentes por parte da negritude em suas relações com a estrutura, e com o próprio trabalho doméstico; e movimentos em que pessoas brancas se reconhecem como *sujeitos* racializados, inclusive em suas relações mais íntimas com os trabalhadores domésticos que não são seus, não são objetos.

É necessário também pontuar que, arraigado, o padrão de relações de trabalho doméstico remunerado tende a ser reproduzido também quando os lugares ocupados tanto pelas trabalhadoras quanto pelos contratantes sejam lugares diferentes dos hegemônicos. Pois os efeitos do racismo enquanto dimensão organizativa do trabalho doméstico como o trabalho que assume a simbologia (e por vezes a concretude) do trabalho escravo contemporâneo são efeitos psíquicos. Aprendeu-se um modo cultural de tratar a trabalhadora doméstica, de tal maneira que esse modo independa desses lugares, muitas vezes. Pois não falamos aqui de pessoas em sua individualidade. Falamos de um sistema de poder que, como tal, tem a capacidade de enraizar processos de violência e de não humanidade.

De acordo com dados do estudo da Themis Monticelli sobre trabalho doméstico em 2020, no quadro atual do trabalho doméstico o vínculo não se estabelece apenas pela renda da empregadora, pois há contratantes de alto poder aquisitivo que contam com uma diarista uma vez por semana; como contratantes com poder aquisitivo menor contratando mensalistas que trabalham todos os dias, o que diminui sua renda. E isso desloca a relação do trabalho doméstico para uma relação não somente com uma família que poderia ser chamada, de acordo com a trajetória histórica do trabalho doméstico, de família burguesa, contemplando um modelo que inclui a trabalhadora doméstica como símbolo de status. Existe outra parcela de empregadoras de trabalhadoras domésticas que ficam vulneráveis ao não desenvolvimento pelo Estado de uma efetiva economia do cuidado. E aí precisam contratar a trabalhadora doméstica, ou mesmo subcontratar enquanto elas mesmas podem ser as trabalhadoras domésticas, como já discutido. Existe um fetiche com a relação de ter alguém que se emprega em casa, para além das necessidades existentes. Já percebeu que muites de nós, quando está P da vida com alguém "folgado" em casa, diz: "não sou sua empregada, não", como que naturalizando que, se fosse, o abuso e a folga estariam permitidos?

REFLEXÕES FINAIS: APONTANDO CAMINHOS DE RUPTURA

"É tempo de caminhar em fingido silêncio, e buscar o momento certo do grito, aparentar fechar um olho evitando o cisco e abrir escancaradamente o outro. // É tempo de fazer os ouvidos moucos para os vazios lero--leros, e cuidar dos passos assuntando as vias ir se vigiando atento, que o buraco é fundo. // É tempo de ninguém se soltar de ninguém, mas olhar fundo na palma aberta a alma de quem lhe oferece o gesto. O laçar de mãos não pode ser algema e sim acertada tática, necessário esquema. // É tempo de formar novos quilombos, em qualquer lugar que estejamos, e que venham os dias futuros, salve 2020, a mística quilombola persiste afirmando: 'a liberdade é uma luta constante'." (Conceição Evaristo)

Esse poema de Conceição Evaristo me remete à entrevista que realizei com Luiza Batista, presidenta da Fenatrad, em 2020. Vivemos em um contexto de explícitas ameaças e ataques aos direitos das trabalhadoras e trabalhadores em geral, especialmente as trabalhadoras domésticas, além de ataques aos direitos das mulheres, das pessoas negras, indígenas, quilombolas e LGBTs. Quando pautamos a intensa luta histórica com a conquista da Lei Complementar nº 150/2015, é ainda uma pauta das trabalhadoras que as diaristas sejam contempladas por direitos legalmente estabelecidos. No entanto, nesse contexto de ameaças aos direitos já conquistados, estratégias momentâneas de não mobilização imediata para pleitos de alterações e/ou complementações legais, têm feito parte da constituição histórica de redes de saberes de resistências. Atualmente, a Fenatrad e os sindicatos da categoria seguem no enfrentamento diário pelo cumprimento dos direitos já estabelecidos e fundamentais, uma vez que, em contextos como o da pandemia de covid-19, por exemplo, essas trabalhadoras ficam desamparadas no que se refere ao acesso a direitos básicos.

Mas, em relação a enfrentamentos de ordem macroestrutural, a coexistência com um governo formado por grupos que foram contrários a extensão de direitos às trabalhadoras e trabalhadores domésticos, faz com que haja certa cautela no processo da luta.

Como diz Conceição Evaristo, "é tempo de caminhar em fingido silêncio e buscar o momento certo do grito [...], cuidar dos passos assuntando as vias, ir se vigiando atento, que o buraco é fundo". Conceição escreveu este poema como "um boas-vindas" a 2020, um ano em que "é tempo de ninguém se soltar de ninguém" foi ainda mais necessário. As trabalhadoras domésticas organizadas construíram uma história incrível de um quilombo de resistência que, desde 2020, enfrentou um contexto em que muitas passaram por privações significativas com a pandemia.

Sobre que o "laçar de mãos não pode ser algema", faço associações dessa discussão com os necessários enfrentamentos realizados aqui com o feminismo branco. Esse confrontamento é feito para evidenciar a importância do feminismo negro para o debate do trabalho doméstico, uma vez que ainda faltam muitos avanços para que possamos vislumbrar uma condição sistêmica de mãos que efetivamente se estendem, numa relação profissional e humana de trabalho, entre trabalhadoras domésticas e suas contratantes. E as questões de classe também emergem nas interseccionalidades entre os eixos estruturais de opressão a partir da contribuição do feminismo negro. E aí compreendemos por que mesmo empregadoras domésticas feministas tendem a corroborar com as desigualdades, como argumenta bell hooks (2018):

Quando mulheres que têm poder de classe utilizam, oportunamente, uma plataforma feminista e ao mesmo tempo enfraquecem as políticas feministas, ajudando a manter intacto o sistema patriarcal que irá ressubordiná-las, elas não apenas traem o feminismo, elas traem a si mesmas. Ao retomar a discussão de classe, mulheres e homens feministas restauram as condições necessárias para a solidariedade. Então poderemos visualizar melhor um mundo em que recursos são compartilhados e oportunidades para crescimento pessoal são abundantes para todo mundo, independentemente da classe.

Sua fala demonstra que nem mesmo os altos salários que são mais facilmente acessados pelas mulheres brancas implicam em fuga do sexismo. Ou seja, se o projeto é excludente de algum modo, e falha, ele implica em manutenção de uma série contínua de violências, não só para as pessoas mais vulneráveis. E também não se trata de deixar de questionar os padrões que são reproduzidos, sustentados e construídos pelos homens brancos na relação com o trabalho doméstico remunerado.

Nessa dinâmica, partindo para uma perspectiva que quebra com a naturalização do trabalho doméstico como atividade feminina, é preciso compreender que, num contexto histórico, ele é considerado inferior. Numa sociedade capitalista que privilegia a esfera produtiva lucrativa das relações, os trabalhos domésticos e do cuidado são considerados como menos importantes. O feminismo negro é capaz de deslocar esses sentidos, ampliando o sentido de trabalho, sobretudo se nos ligarmos às dinâmicas das religiões de matriz africana. São perspectivas em que as atividade doméstica e do cuidado podem se conectar mais a uma importância ancestral do que prioritariamente a uma dinâmica circunscrita às relações entre os gêneros. Nesse sentido, confere ao trabalho doméstico, seja ele remunerado, ou não, a importância que lhe é devida. E ainda consegue explorar as influências de outra dimensão organizativa da nossa sociedade – o racismo e as heranças da escravização – na maneira como nos relacionamos com essa atividade doméstica.

Como as teóricas negras nos ajudam a compreender, a escravização moldou subjetividades. E fez isso não só com as pessoas brancas reprodutoras e beneficiadoras dos privilégios das relações raciais, mas também com as pessoas negras, pois isso favorece uma ligação muitas vezes naturalizada, quase "um destino inevitável" a determinadas atividades ocupacionais, ou a expectativas de vida. No entanto, é justamente nos movimentos de insurgência que precisamos ressignificar os caminhos necessários de ruptura em um cenário no qual o trabalho doméstico remunerado figura como a relação trabalhista contemporânea.

A morte do menino pernambucano Miguel, em 2020, se deu em um contexto de pandemia, no qual sua mãe não foi dispensada do trabalho com a manutenção da remuneração. Uma atitude egoísta que evidencia a fuga dos patrões de suspender temporariamente efeitos cotidianos de seus privilégios. A despeito de todas as situações em que há a necessidade de contratação de outra pessoa (e ela não é, por si só, o problema), o trabalho doméstico assume muitas vezes uma categoria daquilo que se faz porque não se tem outra alternativa.

É importante lembrar que a ideia de raça foi um produto da branquitude para que a escravização fosse considerada uma punição, ou mesmo um destino automático diante da ideia de inferioridade da raça negra. E esse mecanismo punitivo foi sendo sustentado no decorrer de todos os processos que envolveram essa escravização. Quaisquer negativas ou resistências a esse destino eram severamente punidas. Não à toa viagens de trabalhadoras domésticas para a Disneylândia são passíveis de ser questionadas, em pleno século 21. Pois as punições permanecem e nem sempre tão veladas como ocorre nas linhas subliminares que atravessam os cotidianos dos lares, e as conversas burguesas sobre as trabalhadoras domésticas. Os becos e vielas das favelas que os digam. São muitos corpos pretos jogados como punição do não cumprimento das fantasias que o branco construiu em relação ao negro, expressão usada por Grada Kilomba (2019), ou em cumprimento do mito negro, expressão usada por Neusa Santos Souza (1983).

Entender todo esse histórico de violência permite perceber como estabelecemos uma relação de subalternidade com o trabalho doméstico e, se remunerado ou não, é socialmente considerado inferior, é historicamente destinado às pessoas que não são sequer consideradas humanas como uma construção enraizada de imaginários que são reforçados pela permanência de uma desigualdade estrutural ocupada.

SOBRE O ROMPIMENTO DE PACTOS ESCRAVOCRATAS

O conceito de branquitude nos ajuda a pensar nos caminhos para as rupturas necessárias nesse processo. Um dos pactos narcísicos da branquitude, usando o conceito de Maria Aparecida Bento (2002), que precisa ser urgentemente rompido, é o reconhecimento de que é uma trabalhadora aquela pessoa que está em casa para lidar diretamente com o trabalho doméstico; para atuar como cuidadora para auxiliar no cumprimento das jornadas duplas ou triplas de trabalho das mulheres fora.

Os padrões das subjetividades das pessoas brancas são hegemonicamente moldados para que haja uma relação naturalizada e automática das pessoas negras ou de classes inferiores com os lugares de servir. E então com a ideia de que é um favor empregar essas pessoas ou não as empregar mantendo-as em condições precárias. Assim, surgem algumas verdades desagradáveis, parafraseando Grada Kilomba (2019): a mulher que trabalha em sua residência em atividades domésticas não é a mulher que te ajuda (ela trabalha para você), não é secretária do lar (secretariado diz respeito a outra categoria ocupacional), e não é funcionária (sua categoria de trabalho não invoca os mesmos regimes de trabalho e direitos do funcionalismo de carreira pública).

Todas essas são tentativas de camuflar e silenciar o que ela é: trabalhadora. E deixar de silenciar a categoria é muito importante para que comecemos minimamente a reconhecer seus direitos e fortalecê-la. Evitar nomeá-las corretamente é reproduzir todos os efeitos estruturais de sua invisibilização. "Trabalhadoras domésticas": essa é a nomenclatura da atividade, conforme a Federação e os sindicatos que as representam.

Jéssica Miranda, assessora da Themis, associação aliada da Fenatrad, acredita que as trabalhadoras domésticas brasileiras organizadas fizeram uma reconstrução potente do significado do nome que constitui a categoria. E é dessa forma que elas atualmente se nomeiam, embora haja uma discussão crescendo na categoria para o uso do termo "trabalhadoras em residências". A estratégia tem sido analisada como possibilidade de distanciamento da maneira como a palavra doméstica, mesmo significando apenas o local de trabalho, acabou sendo apropriada historicamente.

Sobre a expressão empregada doméstica, a mais popularmente utilizada, julgo não haver uma conotação racista, como alguns debates visam colocar. Pois ela também é parte da auto nomeação dessas mulheres. O problema é que nem sempre o termo se refere a trabalhadoras domésticas que integram uma economia formal do cuidado.

Em relação a pactos, o trabalho doméstico é permeado por eles, e muitos, inclusive, partem dos processos de subjetivação das trabalhadoras quando se ligam à atividade. São uma espécie de acordo tácito que a relação forma, assim como ocorre com quaisquer ligações de trabalho, na dimensão de uma discussão ética.

"Porque assim, cê acaba entrando na casa da pessoa também. Cê... Acaba roubando a privacidade da família, às vezes. Cê escuta coisas que cê... tem que entrar num ouvido e sair no outro porque cê sabe que num tem que trazer pra sua casa e nem comentar com vizinho do seu patrão. Porque às vezes tem coisa que cê ouve e deve ficar ali. E isso cê tem que ter uma certa ética também." (Roseli)

"Tipo assim, é privacidade lá da casa que eu tô trabalhando. Então, num comento não. As coisas pessoais deles eu num comento não. [...] Que agora, agora no momento eu trabalho numa casa dum pessoal que traba... que mexe com coisa de justiça. Então assim, é... É complicado às vezes a gente tem que ter boca fechada mesmo porque são... Ela é promotora e ele... É oficial de justiça. Então assim, é bem complicado. [risos] Cê trabalhar numa casa assim. Às vezes cê escuta coisas de gente até importante [...] Só que assim, a pessoa que tá no lugar dentro da casa da pessoa tem que ter ética, uma certa ética né? Pra num... Pra não se prejudicar e não prejudicar a pessoa que confiou em você também, né? Que te deu trabalho." (Jacyara)

Essa esfera dos pactos táticos das relações são expectativas de comportamento significativamente marcadas nos processos de se vigiar as trabalhadoras. No entanto, a contrapartida nem sempre vem, pois ainda não conseguimos chegar a um estágio de sociedade que configure culturalmente um pacto em que os empregadores já entendam de maneira naturalizada como reproduzem violências quando contratam uma trabalhadora doméstica e questionam o cumprimento dos direitos legalmente estabelecidos.

No entanto, o pacto da branquitude não só contribui para a ausência de garantia do cumprimento de direitos numa relação que é muito personalizada, como também para a quebra do comportamento ético na relação. Além disso, falamos de redes históricas de pactos para a autoproteção da branquitude como um lugar estrutural de opressão, de impunidade e de ausência deliberada de fiscalização de direitos. Nesse sentido, vale observar a discussão de Lourenço Cardoso (2010, p. 607-630) sobre como a branquitude acrítica é muito importante no sentido de nos permitir ver como a branquitude crítica pode ser capaz de promover rupturas das constituições do trabalho doméstico remunerado no Brasil. Um dos caminhos comumente indicados é o suporte dos empregadores na capacitação e ascensão socioeconômica das trabalhadoras domésticas, como apoios e flexibilizações relativas à realização de cursos profissionalizantes ou universitários – e sem as comuns alegações de que "eu não posso perder a minha empregada", pois que ela não é propriedade. No entanto, sendo raça um organizador psíquico, desvencilhar-se das subjetividades é um processo que precisa ser constantemente reflexivo.

Foi comum observar nas entrevistas com as trabalhadoras domésticas uma dificuldade de seus empregadores em visualizar a perspectiva efetiva de saída deliberada da profissional dessa atividade. Uma das entrevistas mais marcantes (TEIXEIRA; SARAIVA; CARRIERI, 2015) foi a de uma estudante de Administração que era diarista e havia sido trabalhadora doméstica durante toda a sua vida. Na infância, foi levada pelos pais para morar com outra família que, em troca de alimentação e moradia, fez com que a criança se tornasse arrumadeira e babá. Que pacto social é esse que muitas vezes abraça a filantropia burguesa, mas se considera benevolente enquanto violenta a vida e as subjetividades de uma criança? São essas as raízes do nosso trabalho doméstico remunerado.

Essa mesma trabalhadora conta que, ainda pequena só podia ir para a escola se não houvesse uma colher suja dentro de casa. E a família não a deixava ficar com a luz acesa em seu quartinho de empregada à noite, seu único horário para estudar e fazer as lições. Ela conta que estudava fora da casa, usando a luz do poste. Quando vislumbrava sua conclusão da faculdade, acreditava no pacto de afeto que tinha com uma das famílias para quem fazia faxinas. Não se imaginava "deixando-os na mão", nem que fosse no fim de semana, quando deveria descansar. Falamos aqui de uma branquitude que, por vezes, não apoia essas trabalhadoras a desenvolver suas potencialidades.

As possibilidades de rupturas que a branquitude crítica pode promover não se isolam, obviamente, no contexto interno das próprias relações de trabalho doméstico. Organizações precisam também lidar com esses processos de inclusão, que são dificultados por avaliações de currículos que negam que um histórico no trabalho doméstico possa significar outro tipo de ingresso no mercado que não seja em atividades de limpeza, serviços gerais, ajudantes de cozinhas. A branquitude crítica pode ajudar nesse processo desenvolvendo políticas de diversidade como cotas para inserção. E isso também deve ser o papel da branquitude que está dentro das universidades, propiciar a construção de um conhecimento e ensino em gestão pública e privada que seja engajado na reparação dessas desigualdades históricas. Esse processo seria apenas reparatório, pois que também não é isento de armadilhas como as que Frantz Fanon (1968, p. 135) discute, em *Os condenados da terra*.

> Quando é forte, quando arruma o mundo em função de seu poderio, a burguesia não hesita em afirmar ideias democráticas de pretensão universalizante. [...]. A burguesia ocidental, posto que fundamentalmente racista, logra quase sempre mascarar esse racismo

multiplicando as nuanças, o que lhe permite conservar intacta sua proclamação da suprema dignidade humana. A burguesia ocidental ergueu suficientes barreiras e parapeitos para não temer realmente a competição daqueles a quem explora e despreza. O racismo burguês ocidental com relação ao negro e ao árabe é um racismo de desprezo; é um racismo que minimiza. Mas a ideologia burguesa, que proclama uma igualdade de essência entre os homens, consegue preservar a sua lógica convidando os sub-homens a se humanizarem através do tipo de humanidade ocidental que ela encarna.

Não é sobre uma democracia forjada na continuidade do protagonismo das lógicas brancas e eurocêntricas que falamos. É sobre aprender com as oferendas já produzidas pelos saberes de pessoas negras e indígenas, e com outros saberes que desloquem o norte global e ocidental como o padrão. É necessário que os feminismos negros se tornem pautas de acesso à democracia, que as mulheres negras e seus projetos sejam visibilizados e operacionalizados. Como nos ensina Djamila Ribeiro (2018, p. 7), "o feminismo negro não é uma luta meramente identitária, até porque branquitude e masculinidade também são identidades. Pensar feminismos negros é pensar projetos democráticos".

Querem ver um exemplo de que não queremos uma democracia forjada nessa continuidade das lógicas brancas e eurocêntricas? Os uniformes de trabalho são algo comum das nossas institucionalizações do trabalho, inclusive como marca de diferenciação de hierarquias dentro das organizações. Os uniformes brancos das trabalhadoras domésticas, mais especificamente das babás, podem ser entendidos como mera extensão dessa lógica, partindo de pressupostos de profissionalização da relação de trabalho que reivindicamos.

No entanto, além de questionarmos mesmo essas relações de classes que estabelecem as próprias estratégias envolvidas no que se entende por profissionalização, nada é mais colonizador do que a roupa branca como estratégia de controle da limpeza de uma trabalhadora que tem como antecessora histórica a escravizada doméstica. Nada mais colonizador do que remeter à ideia de limpeza daquela que é considerada suja, menor, e demarcá-la como a que ocupa esse lugar quando a família frequenta espaços públicos, conhecidos por distinção de classe.

Janaína, mestranda, historiadora e babá que administra o perfil @elaesoababa no Instagram ilustra partes do que são as violências materializadas pelo uniforme branco da babá. Janaína conta que um dos momentos mais constrangedores na atividade de babá é usar o uniforme branco em dias de menstruação:

"Experimenta usar uma calça colada, passar 4 horas direto no shopping sem ter um minuto pra ir ao banheiro, experimenta ir pra uma festinha onde os pais se recusam a descer com a criança no escorregador e mandam você ir, ou trabalhar numa casa com câmeras onde a patroa reclama das vezes que vai ao banheiro, dizendo que você devia se controlar mais, pois você não pode pedir pra cozinheira segurar o bebê toda hora. 'Jana, você tá com algum problema? É que eu tô notando que você tá deixando a fulana com a outra babá (sim, duas babás para duas crianças) e tá indo muito ao banheiro'. Então, D. Fulana eu tô com infecção urinária e vou em questão de um minuto tô de volta, 'ah, mas tenta se controlar, não é justo com a outra babá'. [...] Nossas necessidades básicas não são respeitadas, não pode demonstrar a cara de dor, não pode reclamar de cólica ou dor nas pernas, mas quando eles suspeitam que uma dor de cabeça está a caminho, já logo fazem um escarcéu e a casa é interditada."[10]

Construir-se como branquitude crítica envolve entender racismo como um processo estrutural. E, assim, mesmo que se desenvolva relações legalmente adequadas, humanizadas e de afeto com as trabalhadoras domésticas, é preciso compreender que a

---

10. Relato de Janaína, em seu perfil no Instagram @elaesoababa.

experiência isolada não representa o todo. Por outro lado, nem mesmo o padrão de misto de afeto e desigualdade que configura as relações de trabalho doméstico no Brasil são uma regra. Pois em casos como o da morte de Miguel, o que existe mesmo é o desprezo. Coletivamente, a branquitude deveria se responsabilizar, também, por instituir mecanismos de cobrança dos governos para que se cumpram as funções do Estado.

> [...] trabalho doméstico é o encontro da esfera pública (como trabalho remunerado) com a esfera privada (o domicílio). Do ponto de vista da sociedade, supre as deficiências dos equipamentos sociais, especialmente nos países em que as redes de proteção social e os equipamentos públicos são precários. É por isso que as mulheres podem lançar-se ao trabalho remunerado fora do domicílio: outras mulheres virão para desempenhar as tarefas de cuidado a seu cargo. Esse repasse de tarefas, no entanto, encontra seu ponto final e seu beco sem saída, em grande parte dos casos, nas próprias trabalhadoras domésticas. É delas que a precariedade dos equipamentos públicos cobra o preço, pois são as que não têm a quem repassar essas tarefas para que possam ganhar seu sustento: quem cuida dos/as filhos/as das trabalhadoras domésticas enquanto elas cuidam dos domicílios de outros? A tarefa doméstica nos lares dessas trabalhadoras é repassada para

> a família estendida (quando há), as filhas (da mais velha em diante) e os filhos, as redes de ajuda mútua (quando disponíveis), para a própria trabalhadora em sua jornada extenuante após o trabalho. (SANCHES, p. 2009, p. 885)

Nesse sentido, além dos debates atualmente construídos em relação ao estabelecimento de rendas básicas que possam suprir algumas demandas mais imediatas dos grupos aos quais pertencem essas trabalhadoras, é necessário que os equipamentos públicos integrantes da economia do cuidado sejam devidamente estendidos em políticas públicas para suprir as demandas do cuidado de quem cuida. Por exemplo, os mecanismos legais que definem o abandono de incapaz não surtem os devidos efeitos no caso das trabalhadoras empobrecidas e negras, pois a régua é diferente. Nesse contexto, muitas são as crianças que precisam ser preparadas para ficar sozinhas em casa enquanto as mães trabalham. Aí nem o debate sobre os direitos das crianças é devidamente amparado.

Para além disso, ouvir a negritude nesse processo é fundamental, mas entendendo que não é dela a responsabilidade de reverter esse processo, além de fazer seus corres difíceis diários, e comemorar a cada dia por não morrer nas mãos de um Estado que se organiza numa necropolítica (MBEMBE, 2018), pois não foi ela quem o criou. Essa escuta é fundamental porque, por exemplo, como vimos aqui em discursos como o que mostra a indignação da contratante com a recusa do bife de *chorizo* pela trabalhadora, a branquitude confunde muitas vezes a luta por direitos com uma batalha por acesso ao que ela entende e significou como "boa vida", silenciando modos próprios de ser, sentir e gostar de várias gerações de pessoas negras. Há a naturalização de uma recusa de que as pessoas negras desenvolvem há tempos uma construção de si, e de uma ética do cuidado próprio, de refletir sobre si a partir de sua comunidade, família, de seus próprios quilombos.

Sobre a negritude nesse processo, precisamos que as pessoas negras articulem entre as mulheres negras trabalhadoras domésticas mecanismos de desvencilhamento desses padrões de sofrimento por conviverem tão de perto com aquilo que foram ensinadas a almejar a ser e a ter. Contudo, nem sempre esses quereres representam seus próprios saberes que permeiam o habitar periférico das cidades brasileiras, como os saberes históricos de coletivo, de ajuda mútua; e de redes de solidariedade. E esse processo de desvencilhamento nada tem a ver com o arrefecimento da luta por acesso aos direitos fundamentais, nem pelo fim da desigualdade de classes ou pelos direitos à alimentação, escola, saúde e moradia de qualidade. As bases não precisam ser as mesmas: podemos pensar nos vários esforços de agricultura orgânica, coletiva e solidária; fortalecimento do SUS, eliminando a necessidade de vinculação de vitória à possibilidade de pagamento do plano de saúde. É ótimo quando se pode pagar um plano de saúde. Mas é ainda melhor levar para uma máxima os esforços coletivos para que os planos de saúde não sejam necessários, obtendo o acesso a um sistema de saúde público, gratuito e de qualidade (idem para a educação).

Quando abordamos os poderes estruturais que recortam a vida e o trabalho dessas mulheres, não desconsideramos que elas resistam, e artisticamente desenvolvam formas criativas de sobrevivência. Sobre resistência, minhas pesquisas evidenciaram o quanto, por meio do cuidado de si e dos outros, e de estratégias e táticas cotidianas, as trabalhadoras domésticas não só resistem aos exercícios de poderes a elas direcionados, como também exercem micros e cotidianos poderes, os quais estão refletidos em suas artes de viver, cuidar, resistir e fazer. (TEIXEIRA, 2015)

Embora tenham suas condições de existências caracterizadas por aspectos como precariedade e subalternidade, tendo seus corpos, entendidos como práticas, disciplinados e ligados a relações de poder que podem subjugá-las, essas mulheres podem, dentro de suas possibilidades, governar os dilemas de suas constituições subjetivas, cuidando dos destinos de suas existências: planejando esse caminho e reunindo as armas necessárias para combater o que for preciso para a ele chegar. Em outros casos, no entanto, mais afetadas por relações de poder e jogos de verdade que tendem a caracterizar e condicionar seus destinos, conseguem somente resistir sem, necessariamente, estabelecer uma relação consigo mesmas que lhes permita cuidar dos destinos de suas próprias existências. Essas relações apreendidas não podem, contudo, ser atribuídas a todas as fases de suas trajetórias de vidas, pois há uma diversidade de práticas que as liga a diferentes maneiras de lidar com os dilemas de suas constituições subjetivas nos vários momentos que perpassam suas histórias.

É por isso que o trabalho das promotorias legais populares, que apoiam trabalhadoras domésticas, sob a coordenação da Themis, têm o potencial de impedir que as mulheres, já vítimas de estruturas de poder, sejam responsabilizadas por conseguir escapar sozinhas de sua condição de opressão. Em 2020, a Themis realizou um curso sobre direitos para as trabalhadoras domésticas pelo WhatsApp e disponibilizou recargas de celular para a compra de pacotes de dados, dando acesso à internet para trabalhadoras sem condições. Segundo Jéssica Miranda, assessora da Themis, em entrevista a mim em 2020, o espaço tem se constituído como um local que possibilita a troca com e entre essas mulheres. Uma das atividades propostas foi que assistissem ao filme *Que horas ela volta* (2015), escrito e dirigido por Anna Muylaert, e relatassem como se sentiram ao ver o filme. Jéssica conta que os relatos de retorno foram muito potentes no sentido da

> [...] identificação delas com a personagem da Regina [Casé, que interpreta a protagonista do filme, como trabalhadora doméstica], e aí eu falo do meu lugar também, porque eu me chamo Jéssica, e eu tenho uma identificação com a Jéssica também, porque minha mãe também foi trabalhadora doméstica praticamente a vida toda [...]. Então também é um privilégio hoje pra mim, tá formada, e me ver também naquela personagem, enfim, e me ver nesse espaço. E aí a gente se identifica, né, Juliana, de também podendo tá ao lado na luta pelas trabalhadoras, né? E, enfim, até me emocionei um pouco de pensar nisso, assim, porque do quanto a gente sabe o quê que, minha mãe é branca, é, diferente, ela sofreu humilhações, mas as mulheres negras sofrem o racismo também, né, sofrem muito mais. E aí essas colocações que têm vindo assim, e também de fortalecimento, como é pra elas também poder parar com o assédio. Então um dos relatos que me chamou muita atenção foi sobre isso [...] no segundo dia de trabalho, o patrão assediou ela sexualmente, e ela conseguiu dizer não, ela conseguiu sair daquela situação. Foi um

processo doloroso, difícil, mas ao mesmo tempo que ela se sentiu com um fortalecimento pra poder dizer esse não.

Os relatos de Jéssica, representando a Themis, mostram como há uma potência na somatória de esforços coletivos e que envolvam pertencimento identitários distintos. E que demonstra como o feminismo pode ser aliado transformador dessas realidades. Como nos ensina a ativista e escritora caribenha-americana Audre Lorde (2019, p. 177), no livro *Irmã Outsider*, a revolução é todo dia, e é traduzida no aproveitamento das brechas mínimas para as mudanças que queremos: "[...] quem de nós aqui ainda se permite acreditar que os esforços para retomarmos o futuro podem ser particulares ou individuais? Quem aqui ainda se permite acreditar que a busca pela libertação pode ser incumbência única e exclusiva de uma só raça, ou um só sexo, uma idade, uma religião ou uma classe?"

Djamila Ribeiro (2020), ao comentar essa obra de Audre Lorde, diz: "não se nega a estrutura heteropatriarcal racista, porém Lorde nos convida a canalizar nossa raiva para a criação de formas de resistência, que vem de longe. Olhando para nós, para nossas capacidades, para o nosso entorno, o que podemos ou devemos fazer?". É sobre os resgates necessários de que pertencemos a uma Améfrica, como nos ensina

Lélia Gonzalez (1984, p. 236), é sobre reivindicar nossa mina de ouro:

> Quando se lê as declarações de um Dom Avelar Brandão, Arcebispo da Bahia, dizendo que a africanização da cultura brasileira é um modo de regressão, dá prá desconfiar. Porque afinal de contas o que tá feito, tá feito. E o Bispo dançou aí. Acordou tarde porque o Brasil já está e é africanizado. M. D. Magno tem um texto que impressionou a gente, exatamente porque ele discute isso. Duvida da latinidade brasileira afirmando que este barato chamado Brasil nada mais é do que uma América Africana, ou seja, uma Améfrica Ladina. Prá quem saca de crioulo, o texto aponta prá uma mina de ouro que a boçalidade europeizante faz tudo prá esconder, prá tirar de cena.

Falando de maneira horizontalizada, conseguirmos compreender os efeitos psíquicos e sociais do racismo sobre nós, e nos apegarmos ao projeto de uma Améfrica em que empoderamento seja uma dinâmica de construção coletiva. E essa é uma luta que deve ser de todas, todes e todos, mas com deslocamentos de protagonismos brancos enraizados. Ao falar sobre a destruição do destino da submissão característico do mito negro constituído dentro de uma estrutura racista, Neusa Santos Souza afirma que "[...] cabe a negros e não-negros a consecução desse intento, mesmo porque o mito negro é feito de imagens fantasmáticas compartilhadas por ambos" (SOUZA, 1983, p. 26).

O próprio cenário de alterações legais sobre o trabalho doméstico no Brasil é um ótimo exemplo do quanto as coalisões e os esforços coletivos e a política construída cotidianamente por diversos atores é fundamental, desde as suas micropráticas até as práticas mais institucionalizadas. Nesse processo, reverencio o papel da Fenatrad e dos sindicatos das trabalhadoras domésticas nas conquistas históricas. A Fenatrad é uma associação que integra sindicatos de trabalhadoras domésticas no país, tendo como sua precursora a trabalhadora doméstica Laudelina de Campos Melo. Laudelina criou a primeira associação de trabalhadoras domésticas no Brasil em 1936 (THEMIS, 2020), no município de Santos, Estado de São Paulo. Sua primeira experiência na militância foi no movimento negro (BERNARDINO-COSTA, 2007). Anos depois, Creuza Oliveira é um dos grandes nomes da história da luta sindical das trabalhadoras domésticas organizadas, tendo sido presidenta da associação por três mandatos. Creuza foi vencedora de prêmios como o Troféu Raça Negra da Faculdade Zumbi dos Palmares (2013); Prêmio Direitos Humanos da Secretaria de Direitos Humanos do Governo Federal; e Diploma Mulher Cidadão Bertha Luz, pelo Senado Federal.

O professor Joaze Bernardino-Costa, em tese de doutorado defendida em 2007 sobre os sindicatos das trabalhadoras domésticas no Brasil,[11] afirma que o ativismo político dessas mulheres "produz um saber que articula classe, raça e gênero, que nos permite problematizar a narrativa hegemônica da nação, desestabilizando os seus significados culturais hegemônicos, estruturados pelo mito da democracia racial e do bom senhor ou boa senhora" (BERNARDINO-COSTA, 2007, p. 8).

Podemos dizer, nesse sentido, que a luta política das trabalhadoras domésticas que ativamente se colocam numa categoria interseccionada com raça, gênero e classe contribuem para a destituição da ideia do que Adilson Moreira (2013) chama de humanismo racial brasileiro, envolvendo uma suposta ideia de construção de cultura comprometida com a igualdade racial. A luta revela como os embates pelos direitos trabalhistas dessas mulheres envolveram e envolvem cisões mais profundas, como a necessidade do rompimento do pacto narcísico de uma branquitude. Romper com esse pacto seria rasgar a suposta ideia de superioridade moral que o brasileiro teria em relação a outros contextos de conflitos raciais, como os Estados Unidos.

---

11. O professor escreveu também o livro *Saberes subalternos e decolonialidade: os sindicatos das trabalhadoras domésticas do Brasil*, publicado pela Editora UnB em 2015.

> Resistência à colonialidade do poder e de reexistência das trabalhadoras domésticas. Ao longo de suas histórias, as diversas organizações políticas das trabalhadoras domésticas têm desempenhado, por um lado, a função de resistência à exploração econômica e à marginalização social e, por outro lado, têm sido uma organização político-trabalhista que, no plano individual, luta pela afirmação da existência humana de cada trabalhadora doméstica e, no plano coletivo, propõe-se a refundar uma sociedade baseada nos princípios da igualdade, justiça social, respeito a todos os seres humanos, dignidade etc. (BERNARDINO-COSTA, 2007)

Sobre as "reexistências" mencionadas por Bernardino-Costa, vale trazer as contribuições do conceito de reexistência desenvolvido pela professora Ana Lúcia de Souza (2011), ao estudar o movimento hip-hop no campo dos estudos da linguagem em 2009. Analú, como é afetuosamente nomeada, considera a reexistência como um processo de reinvenção de práticas feito por ativistas que assumem novas funções sociais. Mais do que resistir a modelos excludentes já legitimados, trata-se de criar outras formas de impressão de suas identidades sociais, contribuindo para a visibilidade do próprio grupo.

Nesse sentido, o que as trabalhadoras domésticas organizadas fizeram, e fazem, nos fornece pistas sobre as possibilidades de enfrentamento que deslocam minorias para algo além de suas microprátais cotidianas de resistência. A ação coletiva desloca essas mulheres para um papel político direcionado ao que seria a busca por efetivos empoderamentos. E isso não só nos fornece pistas para a luta pelos direitos das trabalhadoras domésticas, mas para todas as populações que sofrem com os efeitos das encruzilhadas de opressão, e das quais as mulheres negras empobrecidas ocupam os extremos da precariedade, por isso, se tornam símbolos de interseccionalidades de resistências e reexistências.

Essas considerações se ligam, inclusive, à relação que Bernardino-Costa (2007) faz da trajetória política dessas trabalhadoras com o quilombismo. Para o pesquisador, há um movimento decolonial e feminista negro propulsionado pelas trabalhadoras domésticas organizadas. Nesse sentido, o protagonismo das trabalhadoras domésticas em sua própria luta por direitos e dignidade as coloca como condutoras de suas próprias avenidas identitárias, parafraseando Carla Akotirene (2020) Quem sabe este livro não possa ser um dos meios a se fazer chegar essas informações sobre os sindicatos para muitas outras trabalhadoras domésticas que ainda não se juntaram a esse movimento organizado?

O trabalho exercido pela Fenatrad na prática política pode ser evidenciado como um meio de desenvolvimento daquilo que teoricamente Neusa Santos Souza (1983, p. 17) chama de elaboração de um "gênero de conhecimento que viabilize a construção de um discurso do negro sobre o negro, no que tange à sua emocionalidade. Ele é um olhar que se volta em direção à experiência de ser-se negro numa sociedade branca". Parafraseando a autora, considero que a Fenatrad seja, em específico, um meio de construção de um discurso da trabalhadora sobre a trabalhadora. Além disso, remete ao conceito de subjetividade ativa proposto pela feminista decolonial María Lugones (2003), quando fala das estratégias desenvolvidas por mulheres que sofrem com várias opressões para desestabilizar o que chama de fragmentação social, a fim de promover resgates que amplifiquem a própria luta pela sobrevivência. Além dessa amplificação, o conceito de subjetividade ativa envolve rupturas com as limitações das colonialidades de poder.

Precisamos somar na luta da Federação e dos sindicatos para fazermos pressão por alguns avanços como garantias legais para as diaristas, fiscalização dos direitos já estabelecidos e outros aspectos mais conjunturais, como o enfrentamento sistêmico ao racismo, à desigualdade de gênero e de classes. Sobre a defesa dos direitos para as diaristas, Luiza Batista relata, sobre as trabalhadoras domésticas organizadas, que "a nossa luta é que até a diarista de até um dia de trabalho... ela tenha um contrato". Jéssica, assessora da Themis, também relata:

> "Eu acredito que é muito importante a gente conseguir pensar em mecanismos de formalização dos contratos das diaristas, e como que a gente garante justamente o pagamento dos direitos trabalhistas e dos encargos sociais principalmente como o INSS. Acho que isso é bem fundamental e a solução proposta... a solução proposta pelo governo de MEI [Micro Empreendedor Individual], enfim [...] de ação para que as trabalhadoras entrem como MEI não é uma solução que a categoria apoia [...] o potencial que ela tem... não atinge as diaristas. A gente precisa de uma outra solução pra isso. [...] a potencialidade de pensar numa nova alteração da legislação pra que possa abarcar a diarista como um contrato, e uma divisão aí é uma das coisas que a gente já conversou, não diretamente, na Themis, mas entre advogados trabalhistas, é uma divisão do pagamento do INSS, dos encargos, entre os empregadores. Isso pode ser pensado através do e-social, por exemplo. E é preciso dizer que, mesmo a lei não se referindo expressamente à diarista, a pessoa contratante pode assinar a carteira da diarista e reconhecer seus direitos. Não há nada que a impeça de reconhecer e ampliar os direitos da trabalhadora."

Além disso, vou citar aqui alguns dos direitos para as diaristas que seriam "uma boa pedida", nas palavras do professor Vitor Sousa Freitas, em texto enviado a mim, em diálogo sobre este livro. Freitas diz:

"[...] penso que a garantia do salário-mínimo-hora, de normas de segurança, modelo especial de contribuição previdenciária e um sistema de filiação e concessão de benefícios previdenciários, especialmente de aposentadoria, sem contribuição prévia (a exemplo dos trabalhadores rurais que se aposentam por idade e não por tempo de contribuição, inclusive podendo acumular períodos de trabalho urbano e rural, com e sem contribuição, para fazerem jus ao benefício) seriam uma boa pedida."

O quadro de desproteção às diaristas faz com que as próprias trabalhadoras possam ter dificuldade de concepção da atividade como um trabalho. Numa comparação com sua trajetória na atividade iniciada na infância, Mariza, uma diarista, conta:

"Minha mãe tinha 3 filhos e a gente mui... pobre, tive que começar a trabalhar muito cedo. Saía da escola e já ia trabalhar em minha... alguma casa, arrumar uma cozinha, aí não tinha salário, era um dinheirinho que a gente ganhava né? Mais já ajudava em casa. **Com**

quantos anos mais ou menos, cê lembra? 12, 13 anos. **12, 13 anos né?** É. Já saí assim, já fazia alguma coisa. Não sabia fazer muito bem e nem guentava uma casa, mais já ajudava a arrumar uma cozinha, olhar criança fazer alguma coisa assim. **hum...** E num parei mais não, a vida intera. Só parei o que? Uns 5 anos atráis. Que agora eu não trabalho mais, eu faço é faxina. Mais que não dexa de sê... em casa de família também."

Nesse contexto, é importante que a luta cotidiana seja para a reversão de um quadro de perda de direitos trabalhistas como um todo e dos impactos negativos sobre a estrutura social advindos do neoconservadorismo e dos efeitos nefastos de um governo sobre as poucas garantias que já havíamos conquistado. É necessário estarmos vigilantes e atuantes para o enfrentamento de um projeto político de país que quer manter as trabalhadoras domésticas num limbo da precariedade atribuída aos negros e, mais ainda, às mulheres negras, sob o comando de um grupo contrário à PEC desde o início de sua tramitação.

A conquista da PEC nos demonstra o papel do estabelecimento de mecanismos para a representatividade da população negra no poder público, e de que os mandatos de uma democracia representativa possam ser efetivados a partir de mandatas coletivas, como as da deputada na Alesp Érika Malunguinho, e como Marielle Franco efetivava sua atuação como vereadora do Rio de Janeiro. Além disso, que essas sementes sejam postas em todos os espaços que ocupemos, não só os do poder público. E isso também se refere à importância da representatividade de mulheres que tiveram ou têm experiências com o trabalho doméstico nos espaços. Em relação ao Poder Judiciário, por exemplo, conversei em 2020 durante a escrita do livro com Delaíde Miranda Arantes, magistrada, ministra do Tribunal Superior do Trabalho, que foi trabalhadora doméstica. Delaíde conta:

> "Eu comecei aos quinze anos de idade... a minha profissão foi de empregada doméstica com uma família na minha cidade natal de Pontalina. Lá em Portalina eu concluí o que à época era o curso ginasial, e fui pra capital de Goiás, Goiânia, pra estudar, e lá em Goiânia eu estudei Direito, formei em Direito, e me tornei advogada trabalhista. E a... há mais de nove anos eu assumi a vaga de ministra do Tribunal Superior do Trabalho numa vaga destinada à advocacia [...]. Passei diversas profissões, eu me inseri recentemente... eu atualizei meu currículo Lattes, inclusive coloquei no meu currículo Lattes a minha história profissional. Fui [...] recepcionista de consultório médico, recepcionista de empresa de engenharia, fui secretária executiva, e trabalhei em

várias empresas no setor privado até ingressar na advocacia trabalhista. [...] A minha experiência passando por diversas carreiras antes de me tornar magistrada... ela tem uma influência no meu olhar. [...] [...] naturalmente um olhar mais humanizado, um olhar mais no campo social [...]".

Diante dessa necessidade urgente de ocupação de espaços, quero deixar aqui minha gratidão pelo aprendizado que é fazer parte da formação de uma coletiva de mulheres, a Coletiva Compa, num ambiente tão duro como o da Administração. Este campo de pesquisas me ajuda a pensar como as propostas de caminhos têm se colocado para as trabalhadoras domésticas diaristas, como o cadastro no MEI, como Microempreendedoras Individuais, as afasta das mudanças necessárias, deslocando novamente seu reconhecimento como trabalhadoras e romantizando a ideia de empreendedorismo como saída para a melhoria de sua condição estrutural.[12]

Minha gratidão à categoria das trabalhadoras domésticas, não por serem guerreiras como romantizaram que elas deveriam ser, mas por me inspirarem, e nos inspirarem esforços que hoje guardam o momento

---

12. Para uma discussão a esse respeito, sugiro o texto de discussão do Ipea, Luana Pinheiro et al, 2019.

fugidio em suas artes de luta para tentar angariar novos direitos que demandar deveriam ser automáticos.

Para os enfrentamentos que envolvem o trabalho doméstico e as interseccionalidades a ele relacionadas, tanto orientações críticas reformistas, quanto orientações mais radicais, é possível que andem juntos visando à transformação das nossas estruturas sociais, uma vez que há pessoas negras sofrendo hoje por falta de políticas públicas adequadas diante de desestruturação mais ampla de nosso sistema desigual.

Também é urgente que haja mais produção de conhecimento sobre a categoria: "Nós sempre falamos: 'nada sobre nós, sem nós'. Não temos o canudo, mas temos o estágio. Então, precisamos que as pesquisas sobre o trabalho doméstico incluam a nossa vivência", conforme declara Cleide Pinto, presidenta do Sindicato das Trabalhadoras Domésticas de Nova Iguaçu (RJ), no Colóquio CAP Trabalho Doméstico, em 2020.

Finalizo indicando o site e as redes sociais da Fenatrad, que sinaliza os endereços e contatos dos sindicatos das trabalhadoras domésticas no Brasil em todos os estados: https://fenatrad.org.br. E o endereço nas redes sociais: https:www.facebook.com/fenatrad/; https://www.instagram.com/fenatrad.br/; e https://twitter.com/fenatrad. Essa informação pode contribuir com sua divulgação para que recebam auxílios e apoios de demandas que são urgentes e diversas; e para que mais trabalhadoras domésticas possam se sindicalizar, tornando-se protagonistas dessa luta organizada. Retomando Conceição Evaristo, "é tempo de formar novos quilombos, em qualquer lugar que estejamos".

"O meu plano pro futuro é [pausa] voltá a estudá, a hora que minha filha tivé um pouco maior, tentar nem que seja uma Universidade a distância e...**Aí cê queria fazer qual curso na... Universidade?** Ah, alguma coisa de Humanas. Não gosto de Exatas. [risos] Num decidi não, mas eu queria ser professora, assim. Quando eu era criança gostava muito de ser professora. Talvez um Normal Superior ou alguma coisa assim. Ou História também que eu gosto muito. E... [pausa] e tô fazendo agora, tô fazendo curso de cabeleireiro, que eu também queria... É uma profissão que eu acho que de imediato vai me dá um retorno. **E deixa eu te perguntar quais são suas perspectivas para os seus filhos?** Que eles estudem. Que eles estudem e se formem. Não quero que eles... Na, não quero pra eles o que eu tenho agora. Não desmerecendo a minha profissão, que assim, eu acho que é uma profissão que não pode acabá também. [...] Eu acho que deveria ser mais valorizada, que é uma pessoa que cê coloca dentro da sua casa, que você tem que tê, é... confiança naquela pessoa porque aquela pessoa sabe tudo da sua vida. Sabe seus horários, sabe onde cê guarda as suas coisas, sei lá, seus bens de valor.

REFERÊNCIAS BIBLIOGRÁFICAS

AGÊNCIA CÂMARA DE NOTÍCIAS (Lugullo, M.). Relatora inclui 16 direitos em PEC sobre trabalho doméstico. 2012. Disponível em: <https://www.camara.leg.br/noticias/378320-relatora-inclui-16-direitos-em-pec-sobre-trabalho-domestico/>. Acesso em: 18 ago. 2020.

AGÊNCIA CÂMARA DE NOTÍCIAS (Siqueira, C.; Piovesan, E). Câmara aprova PEC das Domésticas em primeiro turno. 2012. Disponível em: https://www.camara.leg.br/noticias/389886-camara-aprova-pec-das-domesticas-em-primeiro-turno/. Acesso em: 20 ago. 2020.

AGÊNCIA CÂMARA DE NOTÍCIAS. Plenário. 2012. Disponível em: <https://www2.camara.leg.br/atividade-legislativa/plenario/votacao/chamadaExterna.html?link=http://www.camara.gov.br/internet/votacao/default.asp?datDia=4/12/2012&numSessao=336>. Acesso em: 20 ago. 2020.

ALVES, A. Angela Davis: "Quando a mulher negra se movimenta, toda a estrutura da sociedade se movimenta com ela". **El País**, v. 27, 2017. Disponível em: <https://brasil.elpais.com/brasil/2017/07/27/politica/1501114503_610956.html>. Acesso em 10 nov. 2020.

ALVES, C. **Virou regra?** São Paulo: Scortecci, 2011.

ALMEIDA, S. **Racismo estrutural.** São Paulo: Selo Sueli Carneiro, Editora Jandaíra, 2020.

ALMEIDA, S. Entrevista. **Roda Viva.** São Paulo: TV Cultura, 22 jun. 2020.

ANGELIN, P. E.; TRUZZI, O. M. S. Patroas e adolescentes trabalhadoras domésticas: relações de trabalho, gênero e classes sociais. **Revista Brasileira de Ciências Sociais**, v. 30, n. 89, p. 63-76, 2015.

ÁVILA, M. B. Algumas questões teóricas e políticas sobre emprego doméstico. In: Ávila, M. B. et.al. (Orgs). **Reflexões feministas sobre informalidade e trabalho doméstico.** Recife: Núcleo de Reflexão Feminista sobre o Mundo do Trabalho Produtivo e Reprodutivo e SOS Corpo Instituto Feminista para a Democracia, 2008. p. 65-72.

AKOTIRENE, C. **Interseccionalidade**. São Paulo: Selo Sueli Carneiro; Editora Jandaíra, 2020.

AKOTIRENE, C. **Ó pa í, prezada:** racismo e sexismo institucionais tomando bonde nas penitenciárias femininas. São Paulo: Selo Sueli Carneiro, Pólen, 2020.

BARBA, D. A fuga das diaristas. **Área H**, 2011. Disponível em: <http://www.areah.com.br/cool/comportamento/materia/8529/1/pagina_1/a-fuga-dasdiaristas.aspx#a_texto>. Acesso em: 02 maio 2012. n.p.

BARDANACHVILI, R. Em seu governo, o presidente Rodrigues Alves acabou com cortiços e casas de cômodos para abrir avenidas e higienizar o Rio de Janeiro. Rio de Janeiro: **Globo**, 2013. Disponível em: < http://tvg.globo.com/novelas/lado-a-lado/Fique-pordentro/noticia/2012/10/naquele-tempo-entenda-por-que-o-cortico-de-isabel-foi-abaixo.html>. Acesso em: 27 jan. 2013.

BARDANACHVILI, R. Entenda o movimento que levou as classes inferiores da cidade dos cortiços para os morros. Rio de Janeiro: **Globo**, 2013. Disponível em: <http://tvg.globo.com/novelas/lado-a-lado/Fique-por-dentro/naqueletempo/noticia/2012/10/naquele-tempo-do-cortico-para-o-morro-da-providencia-que-historia-eessa.html>. Acesso em: 27 jan. 2013.

BARDANACHVILI, R. Matriarcas preservavam tradições como o candomblé e o samba. Rio de Janeiro: **Globo**, 2013. Disponível em: <http://tvg.globo.com/novelas/lado-a-lado/Fiquepor-dentro/naquele-tempo/noticia/2012/11/naquele-tempo-saiba-porque-as-tias-baianas-comojurema-eram-lideres.html>. Acesso em: 27 jan. 2013.

BARDANACHVILI, R, R. Mulheres pobres chefiavam suas famílias. Rio de Janeiro: **Globo**, 2013. Disponível em: <http://tvg.globo.com/novelas/lado-a-lado/Fique-por-dentro/naqueletempo/noticia/2012/11/naquele-tempo-mulheres-pobres-como-isabel-chefiavam-suas-familias.html>. Acesso em: 27 jan. 2013.

BECK, U.; BECK-GERNSHEIM, E. **Individualization**, London: Sage, 2002.

BELÉM, E. O. A (im)possibilidade de inserção da empregada doméstica mensalista no rol de direitos trabalhistas contidos no Artigo 7º da Constituição Federal. In: **Anais do VI Encontro Toledo de Iniciação Científica**, 2010. Presidente Prudente: Toledo, 2010.

BENTO, M. A. S. **Pactos narcísicos no racismo**: branquitude e poder nas organizações empresariais e no poder público. 2002. Tese de Doutorado. Universidade de São Paulo.

BERNARDINO-COSTA, J. Decolonialidade e interseccionalidade emancipadora: a organização política das trabalhadoras domésticas no Brasil. **Sociedade e Estado**, v. 30, 2015.

BERNARDINO-COSTA, J. **Sindicato das trabalhadoras domésticas no Brasil**: teorias da descolonização e saberes subalternos. 2007, Mestrado em Sociologia, UNB, Brasília. p. 8.

BERTH, J. **Empoderamento**. São Paulo: Selo Sueli Carneiro; Editora Jandaíra, 2020.

BIBLIOTECA VIRTUAL DO GOVERNO DO ESTADO DE SÃO PAULO. **Escravidão no Brasil**. s/d. Disponível em: <http://www.bibliotecavirtual.sp.gov.br/pdf/temasdiversosescravidaonobrasil.pdf>. Acesso em: 23 fev. 2013. p. 3.

BIANCO, A. L. **A paradisificação do moderno conceito de morar.** BOCC - Biblioteca On-line de Ciências da Comunicação, p. 1-19, 2010.

BORGES, J. **Encarceramento em massa.** São Paulo: Selo Sueli Carneiro; Editora Jandaíra, 2020.

BRASIL (1972). Lei n. 5.859, de 11 de dezembro de 1972. Dispõe sobre a profissão de empregado doméstico e dá outras providências. Brasília: DOU.

BRASIL. Lei Complementar nº 150, de 1º de Junho de 2015. Disponível em: <http://www.planalto.gov.br/ccivil_03/leis/LCP/Lcp150.htm>. Acesso em: 18 ago. 2020.

BRASIL. Lei Nº 11.324, de 19 de julho de 2006. Disponível em: <http://www.planalto.gov.br/ccivil_03/_ato2004-2006/2006/lei/l11324.htm>. Acesso em: 18 ago. 2020.

BRITES, J. Trabalho doméstico: políticas da vida privada. In: ÁVILA, M. B. et.al. (Orgs.). **Reflexões feministas sobre informalidade e trabalho doméstico.** Recife: Núcleo de Reflexão Feminista sobre o Mundo do Trabalho Produtivo e Reprodutivo e SOS Corpo Instituto Feminista para a Democracia, 2008. p. 73-99.

BRITES, J. Afeto e desigualdade: gênero, geração e classe entre empregadas domésticas e seus empregadores. **Cadernos Pagu**, v. 29, p. 91-109, jul./dez. 2007.

BOUTELDJA, H. Raça, Classe e Gênero. **Cadernos de Gênero e Diversidade**, v. 2, n. 2, 2016. p. 6.

BUTLER, J. **Problemas de gênero**: feminismo e subversão da identidade. Rio de Janeiro: Civilização Brasileira, 2003.

BUTLER, J. **Undoing gender**. Oxfordshire: Routledge, 2004.

CÂMARA DOS DEPUTADOS. Proposta de Emenda à Constituição n° 66, de 2012. Disponível em: < https://www25.senado.leg.br/web/atividade/materias/-/materia/109761>. Acesso em: 18 ago. 2020.

CANDIOTA, H. S.; VERGARA, D. L. M. Empregadas domésticas, identidade e imagem: uma etnografia no Sindicato de Trabalhadores Domésticos de Pelotas. In: **Anais do XII ENPOS – Mostra Científica**, 2010, Pelotas-RS. Pelotas: Universidade Federal de Pelotas, 2010.

CARDOSO, L. Branquitude acrítica e crítica: A supremacia racial e o branco anti-racista. **Revista Latinoamericana de Ciencias Sociales**, v. 8, n. 1, p. 607-630, 2010.

CARDOSO, L. **O branco "invisível"**: um estudo sobre a emergência da branquitude nas pesquisas sobre as relações raciais no Brasil (período: 1957-2007). Dissertação de mestrado, Universidade de Coimbra, Coimbra, 2008. p. 178-180.

CARNEIRO, M. T.; ROCHA, E. "Do fundo do buraco": o drama social das empregadas domésticas. In: Souza, J. (Org.) **A ralé brasileira**: quem é e como vive. Belo Horizonte: Editora UFMG, 2011. p. 125-42.

CARNEIRO, S. Mulheres em movimento. **Revista Estudos Avançados**, n. 17, p. 117-132, 2003.

CONCEIÇÃO, E. B. A negação da raça nos estudos organizacionais. In: **Anais do XXXIII EnANPAD**, 2009, São Paulo. Rio de Janeiro: ANPAD, 2009.

CONCEIÇÃO, E. B. (2016). Mulher negra em terra de homem branco: mecanismos de reprodução de desigualdades. In: Carrieri, A. P.; Teixeira, J. C.; Nascimento, M.C.R. **Gênero e Trabalho:** perspectivas, possibilidades e desafios no campo dos Estudos Organizacionais. p. 277-319.

CONGRESSO NACIONAL. Decreto Legislativo n° 172, de 2017. Disponível em: < https://www2.camara.leg.br/legin/fed/decleg/2017/decretolegislativo-172-4-dezembro-2017-785852-publicacaooriginal-154384-pl.html>. Acesso em: 18 ago. 2020.

CORONEL, M. C. F. G. "Mulheres domésticas": profissionais de segunda classe. **Revista de Direito**, v. 13, n. 17, p. 7-18, 2010.

CORRÊA, R. L. Formas simbólicas e espaço: algumas considerações. **GEOgraphia**, Niterói, v. 9, n. 17, p. 7-17, 2007.

CRENSHAW, K. **Demarginalizing the intersection of race and sex**: A black feminist critique of antidiscrimination doctrine, feminist theory and antiracist politics. University of Chicago Legal Forum, n. 1, 1989.

CRENSHAW, K. Mapping the margins: intersectionality, identity politics, and violence against women of color. **Stanford Law Review**, v. 43, n. 6, Jul. 1991. p. 1244.

CRENSHAW, K. A intersecionalidade na discriminação de raça e gênero. In: **VV.AA. Cruzamento**: raça e gênero. Brasília: Unifem, 2004.

CRENSHAW, K. Documento para o encontro de especialistas em aspectos da discriminação racial relativos ao gênero. **Estudos Feministas**, ano 10, p. 171-188, 2002.

CUIDAR, VERBO COLETIVO. Entrevistadas: Luiza Batista Pereira e Louisa Acciari Entrevistadoras: Bruna Angotti e Regina Vieira. Junho, 2020. Disponível em: <https://soundcloud.com/cuidar-verbo-coletivo/episodio-6-trabalhadoras-domesticas-na-pandemia>. Acesso em: jul. 2020.

DAVIS, A. **Mulheres, raça e classe**. São Paulo, Boitempo, 2016.

DELGADO, M. G.; DELGADO, G. N. **O novo manual do trabalho doméstico**. São Paulo: LTr, 2016. p. 17-18.

DELGADO, M. G. **Curso de direito do trabalho**. 18. ed. São Paulo: LTr, 2019, p. 452.

DIAS, J. Post no Instagram @eujenifferdias. 27 abr. 2020. Disponível em: <https://www.instagram.com/p/B_fu0z6F7T6/?igshid=g633qr7bj16g>. Acesso em 25 ago. 2020.

DINIZ, A. Feminilidades e masculinidades no trabalho. In: Carrieri, A. P.; Teixeira, J. C.; Nascimento, M.C.R. **Gênero e Trabalho**: perspectivas, possibilidades e desafios no campo dos Estudos Organizacionais. p. 277-319.

DU BOIS, W. E. B. **Black Reconstruction in the United States**. New York: Russell & Russell, 1977 [1935].

FANTÁSTICO. Caso Miguel: 'Ver que meu filho não vai mais voltar é muito difícil', diz mãe. 7 jun. 2020. Disponível em: < https://g1.globo.com/fantastico/noticia/2020/06/07/caso-miguel-ver-que-meu-filho-nao-vai-mais-voltar-e-muito-dificil-diz-mae.ghtml>. Acesso em: 20 ago. 2020.

FANON, F. **Os condenados da terra**. Rio de Janeiro: Civilização Brasileira, 1968.

FANON, F. **Pele negra, máscaras brancas**. Trad. Renato da Silveira. Salvador: Edufba, 2008.

FERNANDES, F. **O negro no mundo dos brancos.** São Paulo: Global, 2007.

FERNANDES, F. **A integração do negro na sociedade de classes:** o legado da raça branca. Ensaio de interpretação sociológica. 5ª edição. São Paulo: Editora Globo, 2008.

FENATRAD. Site Brasil de Fato: Secretária-geral do Sindoméstico/Ba revela situações que as trabalhadoras domésticas estão enfrentando devido à Covid-19. Portal de notícias, 8 abr. 2020. Disponível em: <https://fenatrad.org.br/2020/04/08/site-brasil-de-fato-secretaria-geral-do-sindomestico-ba-revela-situacoes-que-as-trabalhadoras-domesticas-estao-enfrentando-devido-a-covid-19/>. Acesso em: jul. 2020.

FERREIRA, J. S. Trabalho em domicílio: quotidiano de trabalhadoras domésticas e patroas. **Caderno Espaço Feminino,** v. 23, n. 1/2, p. 339-60, 2010.

FERREIRA, J. da S. Gênero, trabalho doméstico e identidades: o necessário diálogo. **Fato & Versões**, v. 1, n. 2, 2009.

FOUCAULT, M. **Estratégia, poder-saber.** 2. ed. Rio de Janeiro: Forense-Universitária, 2006c. 396 p.

FOUCAULT, M. **A hermenêutica do sujeito:** curso dado no Collège de France (1981-1982). São Paulo: Martins Fontes, 2006.

FOUCAULT, M. **Ditos e escritos V:** ética, sexualidade e política. Rio de Janeiro: Forense Universitária; 2006.

FOUCAULT, M. **Microfísica do poder**. 10. ed. Rio de Janeiro: Graal, 1992.

FRAGA, A. B. Serviço doméstico remunerado no Brasil: como interpretar as novas tendências? In: **Anais da IX Reunião de Antropologia do Mercosul**, 2011. Curitiba: Mercosul, 2011.

FREITAS, J. B. Do quase acaso à quase regra: o emprego doméstico enquanto um lócus de humilhação. In: **Anais da IX Reunião de Antropologia do Mercosul**, 2011, Curitiba. Curitiba: Mercosul, 2011. p. 15.

FREITAS, J. B. Sobre a humilhação no cotidiano do emprego doméstico. **Dados**, v. 57, p. 199-236, 2014. p. 199-200.

FONSECA, M. A. da. **Michel Foucault e a constituição do sujeito.** São Paulo: EDUC, 2011.

FRANKENBERG, R. Race, sex and Intimacy In: **Mapping a discourse.** Minneapolis: University of Minnesota, 1999.

GLOBO CIDADANIA. Cheias de charme valorizou o trabalho das empregadas domésticas. Rio de Janeiro: **Globo**, 10 dez. 2012. Disponível em: <http://redeglobo.globo.com/globocidadania/nas-novelas/noticia/2012/10/cheias-de-charmevalorizou-o-trabalho-das-empregadas-domesticas.html>. Acesso em: 11 fev. 2013.

GONZALEZ, L. **A mulher negra na sociedade brasileira**. O lugar da mulher, p. 87-106, 1982.

GONZALEZ, L. Racismo e sexismo na cultura brasileira. **Revista Ciências Sociais Hoje**, 1984. p. 236.

GONZALEZ, L. A categoria político-cultural de amefricanidade. **Tempo Brasileiro**, v. 92, n. 93, 1988.

GONZALEZ, L. **Primavera para as rosas negras.** São Paulo: UCPA Editora, 2018.

HALL, S. Raça, o significante flutuante. **ZCultural [online]**, v. 8, n. 2, 2013. Disponível em <http://revistazcultural.pacc.ufrj.br/raca-o--significante-flutuante%EF%80%AA/>. Acesso em: 23 jan. 2015. s. p.

HIRATA, H. Desenvolvimento e novas relações de trabalho: uma perspectiva comparativa internacional. In: Ávila, M. B. et.al. (Org.). **Reflexões feministas sobre informalidade e trabalho doméstico.** Recife: Núcleo de Reflexão Feminista sobre o Mundo do Trabalho Produtivo e Reprodutivo e SOS Corpo Instituto Feminista para a Democracia, 2008.

HOOKS, B. **O feminismo é para todo mundo**: políticas arrebatadoras. Rio de Janeiro: Rosa dos tempos, 2018. p. 52.

IBGE. Pesquisa nacional por amostra de domicílios: síntese de indicadores 2019. Rio de Janeiro: IBGE, 2020.

INSTITUTO DE PESQUISA ECONÔMICA APLICADA - IPEA. Comunicado n. 90: situação atual das trabalhadoras domésticas no país. Comunicados do Ipea, maio 2011.

INSTITUTO DE PESQUISA ECONÔMICA APLICADA - IPEA. Comunicado n. 111: Mudanças recentes na pobreza brasileira. Comunicados do Ipea, set. 2011b. Disponível em: <http://www.ipea.gov.br/portal/images/stories/PDFs/comunicado/110915_comunicadoipea111.pdf>. Acesso em: 04 mar. 2013.

INSTITUTO BRASILEIRO DE GEOGRAFIA E ESTATÍSTICA – IBGE. Pesquisa nacional por amostra de domicílios: síntese de indicadores 2019. Rio de Janeiro: IBGE, 2020.

INTERNATIONAL LABOUR ORGANIZATION - ILO. **Domestic workers across the world**: global and regional statistics and the extent of legal protection. Geneva: ILO, 2013.

O GLOBO. Paulo Guedes: 'Empregada doméstica indo pra Disney, uma festa danada. Disponível em: <https://www.youtube.com/watch?v=bLGlc4cVP8Q>. Acesso em: 25 set. 2020.

KILOMBA, G. **Memórias da plantação**: episódios de racismo cotidiano. Rio de Janeiro: Cobogó, 2019. p. 38.

KILOMBA, G. Descolonizando o conhecimento. In: **Instituto Goethe.** Disponível em: <https://goo.gl/sYWwY1>. Acesso em: 20 ago. 2020.

LORDE, A. **Irmã outsider**: ensaios e conferências. Belo Horizonte: Autêntica Editora, 2019. p. 177.

LUGONES, M. Rumo a um feminismo descolonial. **Revista Estudos Feministas**, v. 22, n. 3, p. 935-952, 2014.

LUGONES, M. Colonialidade e gênero. **Tabula**, n. 9, 2008.

LUGONES, M. **Pilgrimages/Peregrinajes**: theorizing coalition against multiple oppressions. New York: Rowman & Littlefield Publishers, Inc., 2003.

LOURO, G. L. Gênero, histórica e educação: construção e desconstrução. **Educação & Realidade**, v. 20, n. 2, jul. - dez. 1995. p. 104.

MACHADO, R. Introdução: por uma genealogia do poder. In: Foucault, M. **Microfísica do poder.** Rio de Janeiro: Graal, 2012. p. XI.

MACHADO, B. A. O pensamento feminista "amefricano" e a ideia de articulação entre gênero, classe, raça e sexualidade: Ferramentas de análise para a história das sociedades americanas. **Revista Eletrônica da ANPHLAC**, n. 27, 2019.

MAIA, M. V. C. **A inconstitucionalidade do parágrafo único do Artigo 7º da Constituição Federal de 1988**. Minas Gerais: Universidade de Uberaba, 2010.

MARCONDES, M. M. **Transversalidade de gênero em políticas de cuidado**: uma análise comparada das políticas de cuidado infantil no Brasil, Argentina e Uruguai durante o giro à esquerda. Tese (doutorado) – Fundação Getulio Vargas, Eaesp. 2019. p. 12.

MARX, K. **O capital**: crítica da economia política: livro I, vol. 2. São Paulo: Boitempo, 2002.

MBEMBE, A. **Necropolítica**. São Paulo: N-1 Edições, 2018.

MESQUITA, J. S.; TEIXEIRA, J. C. A Naturalização do R.I.P. homem negro como principal grupo que morre por Covid-19 no Brasil: os indícios interseccionais e históricos da manutenção de tecnologias de genocídio da população brasileira. In: Guimarães, L. V.; Carreteiro, T. C.; Nasciutti, J. R. (Orgs.). **Janelas da Pandemia**. BH: Instituto DH, 2020, p. 341-357. Disponível em: < https://institutodh.org/sdm_downloads/janelas-da-pandemia/>. Acesso em: 17 nov. 2020. p. 347.

MESQUITA, J. S.; TEIXEIRA, J. C.; SILVA, C. R. "Cabelo (crespo e cacheado) pro alto, me levando a saltos" em meio à ressignificação das identidades de mulheres negras em contextos sociais e organizacionais. **Revista Eletrônica de Ciência Administrativa**, v. 19, n. 2, 2020.

MONTICELLI, T. Colóquio CAP Trabalho Doméstico (fala). Themis; Fenatrad, 2020.

MOREIRA, A. **Racismo recreativo**. São Paulo: Selo Sueli Carneiro; Editora Jandaíra, 2020.

MOREIRA, A. J. **Racial justice in Brazil.** Struggles over equality in times of new constitutionalism. 2013.383 p. Tese de Doutorado. Tese (Doutorado em Direito Constitucional). Faculdade de Direito da Universidade de Harvard. Universidade de Harvard. Cambridge, USA.

MOURA, Clóvis. **Sociologia do negro brasileiro.** São Paulo: Perspectiva, 2020.

MUNANGA, K.; Jaime, P.; Lima, A. Da África ao Brasil Entrevista com o Prof. Kabengele Munanga. **Revista de Antropologia**, p. 507-551, 2013.

MUNANGA, K. Nosso racismo é um crime perfeito. Entrevista concedida a Camila Souza Ramos e Glauco Faria. **Revista Fórum**, 2012.

NASCIMENTO, B. Por uma história do homem negro. In: Ratts, A. **Eu sou atlântica**: sobre a trajetória de vida de Beatriz Nascimento. São Paulo: Instituto Kuanza, p. 93-97, 2006.

NARDI, H. C. **Trabalho e ética**: os processos de subjetivação de duas gerações de trabalhadores metalúrgicos e do setor informal. 2002. 350 f. Tese (Doutorado em Sociologia) – Universidade Federal do Rio Grande do Sul, Porto Alegre.

NEVES, M. Constitucionalização simbólica e desconstitucionalização fática: mudança simbólica da Constituição e permanência das estruturas reais de poder. **Revista de informação legislativa**, v. 132, n. 33, 1996. p. 327.

NOVAES, J.; MACHADO, R. Entrevista com o filósofo Domenico Losurdo. **Encontros com a Filosofia**, v. 2, 2014. p. 8.

OLIVEIRA, J. S.; GOUVÊA, J. B. Os pactos narcísicos da branquitude na (des)construção do acesso ao campo etnográfico de pesquisa. In: **Anais do EnANPAD**, 2020. Maringá: ANPAD, 2020. p. 3.

OLIVEIRA, J. Fala em evento Gesip – Grupo de Estudos em Simbolismos e Práticas Cotidianas em Organizações. 2020.

OLIVEIRA, E. P. Cursos para trabalhadoras domésticas: estratégias de modelagem. 2007. 177f. Dissertação (Mestrado em Antropologia) - Instituto de Filosofia e Ciências Humanas, Universidade Estadual de Campinas, Campinas; Freitas, J. B. Do quase acaso à quase regra: o emprego doméstico enquanto um lócus de humilhação. In: **Anais da IX Reunião de Antropologia do Mercosul**, 2011, Curitiba. Curitiba: Entidade promotora, 2011.

OLIVEIRA, I. de M.; Santos, N. C. S. Solidão tem cor? Uma análise sobre a afetividade das mulheres negras. **Interfaces Científicas**, v. 7, n. 2, 2018.

OLIVEIRA, R. B. A cidadania a partir de 1930 e sua relação com as categorias profissionais: uma leitura sobre o emprego doméstico. REDD – **Revista Espaço de Diálogo e Desconexão**, Araraquara, v. 2, n. 1, jul./dez. 2009.

OLIVEIRA, J. S. de. Racismo, Estudos Organizacionais e o medo branco da rebeldia do desejo. **Nuevo Blog**, 17 Jun. 2020. Disponível em: <https://nuevoblog.com/2020/06/17/racismo-estudos-organizacionais-e-o-medo-branco-da-rebeldia-do-desejo/>. Acesso em: 19 jun. 2020.

ORGANIZAÇÃO INTERNACIONAL DO TRABALHO – OIT Brasil. OIT aprova a Convenção (n. 189) e a Recomendação (nº 201) sobre o Trabalho Decente para as Trabalhadoras e Trabalhadores Domésticos. **Boletim Gênero & Raça no mundo do trabalho**, v. 1, n. 2, out. 2011.

OYEWÙMÍ, O. Conceptualizing gender: the eurocentric foundations of feminist concepts and the challenge of African epistemologies. Jenda: a **Journal of Culture and African Women Studies**, v. 2, n. 1, 2002. p. 5.

PACHECO, A. C. L. **Branca para casar, mulata para f..., negra para trabalhar**: escolhas afetivas e significados de solidão entre mulheres negras em Salvador, Bahia, 2008. 317p. Tese (doutorado) – Unicamp.

PAÇO-CUNHA, E. As propriedades estéticas do trabalho como emanação de sua relação com o capital. In: **Anais do Encontro da Anpad**. Rio de Janeiro: Anpad, 2011.

PATEMAN, C. **O contrato sexual.** Rio de Janeiro: Paz e Terra, 1993.

PED/RMSP – Pesquisa Emprego e Desemprego – Região Metropolitana de São Paulo. O emprego doméstico na região metropolitana de São Paulo 2014. São Paulo: Seade, Dieese, MTE/FAT, abr. 2015. Disponível em: <http://www.seade.gov.br/produtos/midia/Emprego-domestico-na-RMSP-2014-abril-2015.pdf>. Acesso em: 02. maio, 2015.

PETERS, M. **Pós-estruturalismo e filosofia da diferença**: uma introdução. Belo Horizonte: Autêntica, 2000.

PENA, J. S. O quarto de empregada e a morte de Miguel. **Revista Epistemologias do Sul**, v. 3, n. 1, 2019.

PINHEIRO, L. et al. Texto para discussão 2528: Os desafios do passado no trabalho doméstico do Século XXI: reflexões para o caso brasileiro a partir dos dados da PNAD contínua. Rio de Janeiro: IPEA: 2019. Disponível em: <https://www.ipea.gov.br/portal/images/stories/PDFs/TDs/td_2528.pdf>. Acesso em jun. 2020.

PORTELA, R. L. et.al. O sexismo nas músicas de pagode em Salvador: discutindo a violência contra a mulher em sala de aula. In: **Anais do Seminário Internacional Enlaçando Sexualidades**, 2011. Salvador: Universidade do Estado da Bahia, 2011.

PREUSS, M. R. G. Patroas e empregadas: relações de proximidade e oposição. **Coletâneas da ANPEPP**, p. 53-65, 1996.

QUE HORAS ela volta. Direção de Anna Muylaert. São Paulo: Gulane Filmes, 2015. 1 DVD (114 min.).

QUEIRÓZ, E. W. **Pacto de austeridade fiscal**: um diagnóstico da dívida consolidada líquida dos municípios do estado de Pernambuco entre os anos de 2006 a 2010. 2012. Dissertação de Mestrado. Universidade Federal de Pernambuco.

QUIJANO, A. Colonialidade do poder, eurocentrismo e América Latina. In: Lander, E. (Org.). **A colonialidade do saber**: eurocentrismo e ciências sociais - perspectivas latino-americanas. Buenos Aires: Clacso, 2005.

QUINTANS, M. T. D. Classe, raça e gênero na luta por direitos do movimento negro. **Insurgência**: Revista de direitos e movimentos sociais, v. 1, n. 1, p. 72-100, 2015.

RAGO, L. M. **Do cabaré ao lar**: a utopia da cidade disciplinar: Brasil 1890-1930. Rio de Janeiro: Paz e Terra, 1985. 209 p.

RARA, P. **Eu, empregada doméstica**. Belo Horizonte: Letramento, 2017.

RIBEIRO, D. **Lugar de fala**. São Paulo: Selo Sueli Carneiro; Editora Jandaíra, 2020.

RIBEIRO, D. **Quem tem medo do feminismo negro?**. São Paulo: Companhia das Letras, 2018. p. 7.

RIBEIRO, D. Post em Instagram. 11. Ago, 2020. Disponível em: <https://www.instagram.com/p/CDxGr7HjcIh/?igshid=riiyj4ws5jn0>. Acesso em 18 ago. 2020.

RITA MAE BROWN, em **The Last Straw**, citada por bell hooks, p. 53.

RONCADOR, S. Criadas no more: notas sobre testemunho de empregadas domésticas. **Estudos de Literatura Brasileira Contemporânea**, n. 21, p. 55-71, jan./jun. 2003

RONCADOR, S. O mito da mãe preta no imaginário literário de raça e mestiçagem cultural. **Estudos de Literatura Brasileira Contemporânea**, n. 31, p. 129-152, 2008.

RONCADOR, S. Histórias paranoicas, criados perversos no imaginário literário da Belle Époque tropical. **Estudos de Literatura Brasileira Contemporânea**, n. 27, p. 127-40, jan./jun. 2007.

SALES JR., R. **Democracia racial**: o não-dito racista. Tempo social, v. 18, n. 2, p. 229-258, 2006.

SANCHES, S. Trabalho doméstico: desafios para o trabalho decente. **Revista Estudos Feministas**, v. 17, n. 3, p. 879-888, 2009. p. 885

SANSONE, L. Jovens e oportunidades, as mudanças na última década e as variações por cor e classe: não se fazem mais empregadas como antigamente. In: Hasenbalg, C.; Silva, N. V. (Orgs.). **Desigualdades sociais**: o Estado da Nação. Rio de Janeiro: Topbooks, 2003.

SÃO PAULO. Relatório das Atividades Policiais de São Paulo, dos anos de 1945-1946, apresentado ao Exmo. Sr. Dr. José Carlos de Macedo Soares, interventor federal no Estado de São Paulo, pelo Dr. Pedro. A. de Oliveira Ribeiro Sobrinho, Secretário de Segurança Pública do Estado de São Paulo, 1946 apud DUARTE, A. L. Domesticação e domesticidade: a construção das exclusões. Tempo Social Rev. Social USP, v. 1, n. 1, 1992. p. 7.

SAFFIOTI, H. **Emprego doméstico e capitalismo.** Petrópolis: Vozes, 1978.

SAFFIOTI, H. I. B. **O poder do macho**. São Paulo: Moderna, 1987.

SANTOS, J. R. A inserção do negro e seus dilemas. **Parcerias estratégicas**, n. 6, p. 110-54, mar. 1999.

SANTOS, V.; RODRIGUES, I. O.; GALVAAN, R. "Não foi isso que planejei para minha vida". Ocupações de empregadas domésticas que moram no local de trabalho. **Cadernos Brasileiros de Terapia Ocupacional**, v. 27, n. 3, 2019.

SANTOS, J. K. C. **Quebrando as correntes invisíveis**: Uma análise crítica do trabalho doméstico no Brasil, 2010, 85s. Dissertação (Mestrado em Direito, Estado e Constituição) UnB, Brasília-DF, 2010.

SANTOS, J. A. F. Efeitos de classe na desigualdade racial no Brasil. **Dados**, v. 48, n. 1, p. 21-65, 2005.

SCOTT, J. Gender: A useful category of historical analysis. **The American Historical Review**, v.91, n. 5, Dec. 1986.

SCOTT. J. Gênero: uma categoria útil de análise histórica. **Educação & realidade**, v. 20, n. 2, 1995. p.73.

SENADO FEDERAL. Emenda Constitucional nº 72 de 02/04/2013. Disponível em: < https://legis.senado.leg.br/norma/540675>. Acesso em: 18 ago. 2020.

SILVA, M. H. R. Mulheres negras no mercado de trabalho: empregadas domésticas. **Rev. Ed. Popular**, Uberlândia, n. 5, p. 43-8, jan./dez. 2006.

SILVA, L. R. M.; Oliven, L. R. A. O "doméstico" do doméstico – parte 2: o caso Mangueira. In: **Anais do XIX Encontro Nacional do Conpedi**, 2010, Fortaleza. Fortaleza: Conpedi, 2010. p. 8.783-92.

SODRÉ, M. **Pensar nagô**. Rio de Janeiro: Vozes Limitada, 2017.

SOUZA, N. S. **Tornar-se negro**: as vicissitudes da identidade do negro brasileiro em ascensão social. Rio de Janeiro: Graal, 1983.

SOUZA, A. L. S. **Letramentos de reexistência**: poesia, grafite, música, dança: hip-hop. São Paulo: Parábola, 2011.

SOUSA FILHO, A. de. **Foucault:** o cuidado de si e a liberdade, ou a liberdade é uma agonística. 2007. Artigo disponível em <http://redehumanizasus. net/ node/7011>. Acesso em: 10 abr. 2012. p. 3.

TANSEL, A. Public-private employment choice, wage differentials and gender in Turkey. **Discussion Paper Series**, Germany, IDZA DP n. 1262, Aug. 2004.

TEIXEIRA, J. C.; SARAIVA, L. A. S.; CARRIERI, A. de P. **Os lugares das empregadas domésticas**. O&S, v. 22, 2015.

TEIXEIRA, J. C.; SILVA, C. R. As artes de fazer cotidianas de trabalhadoras domésticas inseridas em micro dimensões organizativas da vida social. **Ciências Sociais Unisinos**, v. 56, n. 2, p. 202-216, 2020.

TEIXEIRA, J. C. **As artes e práticas cotidianas de viver, cuidar, resistir e fazer das empregadas domésticas**. Tese de doutorado, Universidade Federal de Minas Gerais, Belo Horizonte, MG, Brasil, 2015.

TEIXEIRA, J.C. As patroas sobre as empregadas: discursos classistas e saudosistas das relações de escravidão. In: Secretaria de Políticas para as Mulheres (Org.). **Oitavo prêmio constituindo a igualdade de gênero:** redações, artigos científicos e projetos pedagógicos premiados. Brasília: SPM, 2013, p. 31-68. p. 54.

TEIXEIRA, J. C.; Carrieri, A. P.; Mafra, F. L. N. "A bichinha é safadinha": o imaginário social sobre a empregada doméstica refletido em músicas brasileiras. In: **Anais do Encontro de Estudos Organizacionais da ANPAD**, 8., 2014, Gramado. Gramado: [S.n.], 2014.

THEMIS – Gênero, Justiça e Direitos Humanos. **O Caso do Brasil:** estudo sobre a Convenção 189, Recomendação 201 e Lei Complementar 150/15. Porto Alegre/RS: Themis – Gênero, Justiça e Direitos Humanos, 2020.

THEMIS – Gênero, Justiça e Direitos Humanos. **Estudo CAP Brasil:** traçando caminhos para a valorização do trabalho doméstico remunerado. Porto Alegra, RS: Themis, 2020.

WERNECK, J.; MENDONÇA, M.; WHITE, E. C. (Orgs.). **O livro da saúde das mulheres negras:** nossos passos vêm de longe. Rio de Janeiro: Pallas: Criola, 2000. p. 1.

ZANETTI, J. P.; SACRAMENTO, M. P. Jovens negras: ressignificando pertencimentos, construindo práticas. In: Werneck, J. (Org.). **Mulheres negras**: um olhar sobre as lutas sociais e as políticas públicas no Brasil. Rio de Janeiro: Criola, 2009.

Este livro foi composto pelas fontes Calisto MT e Bebas Neue
e impresso em outubro de 2021 pela Edições Loyola.
O papel de miolo é o Pólen Soft 80g/m² e o de capa é o Cartão
Supremo 250g/m².